ANN RIQUIER (HG.)

Leih mir deine Flügel, weißer Kranich

**Drei Frauen aus
Tibet erzählen**

**Mit einem Vorwort
des Dalai Lama**

Deutsch von Riek Walther

Rowohlt Taschenbuch Verlag

Für Tara

Für meinen Sohn Vincent

Deutsche Erstausgabe
Veröffentlicht im Rowohlt Taschenbuch Verlag
GmbH, Reinbek bei Hamburg, Juli 2000
Copyright © 2000 by Rowohlt Taschenbuch Verlag
GmbH, Reinbek bei Hamburg
Die Originalausgabe erschien 1998 unter dem Titel
«Paroles de Tibétaines» bei Plon, Paris
«Paroles de Tibétaines» Copyright © 1998 by Plon
Alle deutschen Rechte vorbehalten
Umschlaggestaltung Susanne Heeder
(Foto: photonica / W. Thompson)
Redaktion Katharina Gerhardt
Satz Adobe Garamond PostScript (PageOne)
Gesamtherstellung Clausen & Bosse, Leck
Printed in Germany
ISBN 3 499 22739 8

Die Schreibweise entspricht den Regeln
der neuen Rechtschreibung.

INHALT

«Im Fortgehen gab ich noch Anweisungen, im ganzen Gebäude die Beleuchtung zu dämpfen. Dann ging ich in das untere Geschoss, wo sich einer meiner Hunde aufhielt. Ich streichelte ihn und war froh, dass er nie besonders anhänglich gewesen war; so fiel mir der Abschied leichter. Viel trauriger stimmte es mich, alle meine Diener und Leibwächter zurücklassen zu müssen. Dann trat ich in die kühle Märzluft hinaus. Der Haupteingang mündete in eine Außentreppe mit einem Podest und einer langen Reihe Stufen rechts und links. Ich ging außen herum bis zu der Stelle, die am weitesten vom Eingang entfernt war, und blieb stehen, um mir meine Ankunft in Indien bildlich vorzustellen. Dann ging ich wieder zur Tür und stellte mir meine **Rückkehr** nach Tibet vor.

17. März 1959»
Der Dalai Lama, *Das Buch der Freiheit*

Botschaft

Die chinesische Invasion in Tibet im Jahre 1949 beendete eine lange Periode friedlicher Unabhängigkeit unseres Landes. Die Chinesen versuchten, unsere uralte Kultur zu vernichten und unserem Volk seine Identität zu nehmen. Über eine Million Tibeter fanden den Tod, Tausende gerieten in Gefangenschaft. Die Besatzer zerstörten unsere Klöster, die Grundfesten unserer Kultur. Sie verbrannten unsere Schriften. Mit allen Mitteln versuchten sie, der traditionellen tibetischen Lebensweise ihre Grundlagen zu nehmen. Durch die chinesische Umsiedlungspolitik wurden die Tibeter schließlich in ihrem eigenen Land zur Minderheit.

Trotz alledem ist die tibetische Seele lebendig geblieben.

Wie alle Menschen dieser Erde streben wir weiterhin nach Freiheit.

Es ist erstaunlich: Während die Chinesen die Größe unseres tibetischen Vermächtnisses beharrlich herabwürdigen, bringen uns andere Völker wachsende Bewunderung entgegen. Ich werde immer wieder gefragt, wie es den Tibetern gelingt, in all diesem Leid ihr Lächeln, ihren Seelenfrieden und ihren Optimismus zu bewahren. Diese Kraft schöpfen wir hauptsächlich aus dem Buddhismus, der Mitgefühl, Güte und Geduld lehrt und ein Weltbild vermittelt, das auf der gegenseitigen Abhängigkeit aller Wesen und Dinge voneinander beruht. Ebenso wichtig ist der uns eigene Sinn für Mut und Entschlossenheit, der Männer und Frauen unseres Volkes gleichermaßen auszeichnet.

So haben im Jahre 1959 die tibetischen Frauen von Lhasa ihr Schicksal in die Hand genommen und eine eigene, gewaltlose Widerstandsbewegung gegen die chinesischen Besatzer ins Leben gerufen. Noch heute werden in Tibet junge Nonnen misshandelt und inhaftiert, weil sie friedlich für die Freiheit ihrer Brüder und Schwestern demonstrieren. Diese mutigen Frauen sind uns allen ein Vorbild.

Ann Riquier, die unsere Sache seit langem unterstützt, hat dieses Buch vorgelegt: Es ist ein Beitrag zur Wiedereinkehr der Freiheit in Tibet. Ihre Schilderung der Lebensgeschichten dreier tibetischer Frauen führt eindringlich vor Augen, was in den letzten vierzig Jahren in unserem Land vorgegangen ist.

Zahllose Tibeter und Tibeterinnen kämpfen entschlossen und unermüdlich für die Wiedereinkehr der Freiheit in unserem Land. Ich bete dafür, dass dieser Einsatz belohnt wird und sich unser Traum bald in Wirklichkeit verwandeln kann.

Dharamsala, den 16. Oktober 1996

Was konnten zwanzigtausend unbewaffnete Tibeter gegen sechzigtausend bestens ausgerüstete chinesische Soldaten ausrichten? Das Massaker kam für die Tibeter völlig unerwartet und war ein Triumph für die chinesische Befreiungsarmee.

Seit über vierzig Jahren sehen wir tatenlos zu, wie an einer der letzten großen Kulturen dieser Welt ein Völkermord begangen wird.

Mehr als hunderttausend Tibeter folgten dem 14. Dalai Lama ins Exil.

Der 13. Dalai Lama hatte sein Volk in seinem Testament gewarnt: Wenn es sich nicht rechtzeitig öffne und Kontakte zu anderen Völkern knüpfe, dann werde es, wenn der Feind einst komme, aus seinem Land vertrieben werden.

Indien hat die Flüchtlinge aufgenommen. Dharamsala, das «kleine Lhasa», ist das Zentrum der Exiltibeter. In der Fremde haben die Tibeter andere Kulturen kennen gelernt und sind heute um viele Erfahrungen reicher, die sie mit der Welt verbinden und ihnen eines Tages, vielleicht schon bald, die Rückkehr in ihre Heimat erleichtern werden.

Die Tibeter haben eine besondere Einstellung zum Leben. Sie haben das Kind in ihrem Inneren nicht erstickt. Sie sind autonom und frei wie ihr Lachen, das aus der Tiefe der Zeiten emporsteigt. Tenzin Gyaltso, der 14. Dalai Lama, reist wie ein Pilger von Land zu Land, um die Kultur Tibets bekannt zu machen und unseren entwurzelten Gesellschaften unbefangen seine Botschaft der Liebe und des Mitgefühls zu überbringen.

Es sind stets die Frauen, die für Entwicklung verantwortlich sind. In Tibet sehen sich Männer und Frauen nicht als Konkurrenten, ihre Beziehung ist von gegenseitiger Hilfe und Ergänzung geprägt.

Wann immer ein Volk vernichtet wurde, griff man den Körper der Frau an, man verstümmelte ihn, setzte seine biologischen Möglichkeiten außer Kraft. In Tibet werden die Frauen zu Abtreibung und Sterilisation gezwungen.

Die tibetischen Frauen haben mich in die Geschichte ihres Landes eingeführt: Es ist ein lebendiges Mahnmal für eine der großen Tragödien dieser Welt.

Bei den Tibetern kommt der Mutter besondere Bedeutung zu. Für das Neugeborene ist sie die erste Quelle von Liebe und Mitgefühl. Sie ist auch die Erzieherin, die seinen ersten Blick auf die Welt lenkt und es lehrt, seine ersten Schritte zu tun.

«Die Mutter ist die wichtigste Person im Leben eines Menschen, und zwar aufgrund ihrer wesentlichsten Eigenschaft: der Freundlichkeit. Ich betrachte die Freundlichkeit als elementare Tugend, sie ist die Grundlage der Weiblichkeit, unser Überleben hängt von ihr ab. Wenn ein Mensch Zuneigung erfährt, wird er freundlicher und aufrichtiger. Es wird ihm ganz natürlich, auch anderen Zuneigung zu geben, er entwickelt sich zu einem glücklichen Menschen. Den Wert der Zuneigung lernen wir von unserer Mutter, durch ihre Großzügigkeit. Sie trägt uns neun Monate in ihrem Leib, danach nährt sie uns mit ihrer Milch, und wir sind noch Jahre nach der Geburt von ihr abhängig. In Tibet bleibt das Kind lange Zeit in körperlichem Kontakt mit seiner Mutter.

Die harmonische körperliche Beziehung zur Mutter ist wichtig, sie verhindert, dass sich das Kind als von anderen Menschen abgetrennt empfindet ...»

(Der Dalai Lama [1])

Ich lebe seit fünfzehn Jahren in Südindien und reise oft nach Dharamsala. Meine Freundschaft mit Tibetern und vor allem Tibeterinnen hat vor vielen Jahren begonnen. Unsere Verbindung ist eng. Ich teile ihre Freude, ihr Leid.

Nachdem ich oft quer durch Indien gefahren war, um den Erinnerungen der Tibeterinnen zu lauschen, bat mich die Vorsitzende der tibetischen Frauenvereinigung, Tsering Tsomo, diesen Frauen, die von der chinesischen Regierung allzu lange zum Schweigen gezwungen worden waren, eine Stimme zu verleihen. Exemplarisch für das, was Tibeterinnen in ihrem Land erleben und erleiden, habe ich die Berichte von drei Frauen ausgewählt:

Ama Adhe, die große Khampa-Widerstandskämpferin, hat achtundzwanzig Jahre im Gefängnis verbracht.

Rinchen Dolma Taring war die erste Frau, der eine Schulbildung nach englischem Vorbild zuteil wurde, worauf-

....
1 Die in diesem Buch wiedergegebenen Worte des Dalai Lama stammen, wenn nicht anders angegeben, aus Privatgesprächen.

hin sie von den Chinesen als *probritisch* eingestuft wurde. Um nicht verhaftet zu werden, floh sie im März 1959 allein aus ihrem Heimatland.

Pemala wurde im Exil geboren. Sie ist in Flüchtlingslagern aufgewachsen und hat ihre Kindheit damit zugebracht, Steine für den Straßenbau zu klopfen. Sie betrachtet die aktuelle Situation in ihrem Land und die Lage der Exiltibeter realistisch und ohne falsche Hoffnungen.

Sosehr sich diese drei Frauen voneinander unterscheiden, so sehr entsprechen sie sich in ihrem bedingungslosen Engagement. Ihre Lebensgeschichten veranschaulichen die Unterdrückung des tibetischen Volkes, die Unmenschlichkeit der Besatzer und die Hoffnung, auf dem Dach der Welt möge bald wieder Frieden einkehren.

Der Friedensmarsch
(1995)

Zwei schlammige, von Läden gesäumte Gässchen mit einer Reihe tibetischer und indischer Lokale, das sind die Hauptverkehrswege einer kleinen Ansiedlung oberhalb des Kangra-Tals. Auf dem Dorfplatz wird man sofort von der tibetischen Atmosphäre erfasst. Frauen in traditionellen *Chubas**² geben lächelnd Auskunft. Mönche in ihren safrangelben Roben lassen Gebetsschnüre durch die Finger gleiten und rezitieren murmelnd ihre *Mantras**. Gemessenen Schrittes umrunden sie den kleinen Tempel zwischen den beiden Hauptstraßen, den ersten, der von den Tibetern hier errichtet wurde. Mit einer lockeren Handbewegung setzen Mönche und Laien die mächtige Gebetsmühle in Gang, zum Gedenken an die Toten. In den Lokalen sind alle möglichen Sprachen zu hören.

Wir befinden uns im nordindischen Bundesstaat Himachal Pradesh, einige Kilometer von Dharamsala entfernt, in einem Ort namens MacLeod Ganj, wo Forscher und Suchende aus der ganzen Welt Station machen, um eine fremde Kultur zu entdecken. Hierher zu gelangen ist kein Spaziergang: Zug, Bus, das indische Klima, Hitze und Staub – die Beschwernisse legen sich wie ein Filter vor unverschleiert lächelnde Frauengesichter. Eine Lektion in Sachen Geduld … Die Konfron-

---

2 Die mit einem Sternchen versehenen Begriffe verweisen auf das Glossar am Ende des Buches.

tation mit einer fremden Welt und der Aufbruch zur tibetischen Kultur, die auf uns oft verwirrend wirkt.

MacLeod Ganj, das ist nicht nur der Namgyal-Tempel, mit dem der Dalai Lama eng verbunden ist. Es ist auch eine kleine Ansiedlung, die nach einem Erdbeben verlassen war und von achttausend Exiltibetern in harter Arbeit zu neuem Leben erweckt wurde. Nachdem Straßen und Häuser instand gesetzt waren, war es den Tibetern das dringendste Anliegen, die wichtigsten kulturellen Zentren, die in ihrer Heimat durch die Besatzer zerstört worden waren, neu aufzubauen, um auch im Exil ihr überliefertes Wissen zu bewahren.

Wer sich für Folklore interessiert, begibt sich in MacLeod zuallererst zum Zentrum für Kunst und Schauspiel, dem T.I.P.A., Hochburg der altehrwürdigen Erinnerung an die tibetische *Lhamo*-Oper*, deren ferne Wurzeln bis zur Tradition des getanzten Maskendramas der königlich dynastischen Periode im 5. Jahrhundert zurückreichen. Das T.I.P.A. war die erste Institution, die die Tibeter im Jahre 1959 gründeten, um ihre Identität zu bewahren. Jedes Jahr lädt das T.I.P.A. die in den Flüchtlingssiedlungen Indiens und Nepals verstreuten *Lhamo*-Truppen zum jährlichen *Shoton*-(Opern-)Festival ein, das bis 1959 in Lhasa stattfand. Es bot dem Volk die Möglichkeit, Regierung und Adel offen zu kritisieren und die Feinheiten der buddhistischen Philosophie zu erfassen.

Wer sich eher für die Wissenschaft des Körpers interessiert, nimmt den steilen Abstieg zum Institut für Medizin und Astrologie in Angriff, in dem aus Pflanzen, Edelmetallen und Halbedelsteinen die berühmten kleinen runden Pillen hergestellt werden, die ihre Wirkung auf mentaler wie körperlicher Ebene entfalten. Die Besucher prägen sich die vier geheimen

Tantras* ein, die «Gyü shi», die von Yuthok Yunten Gonpo dem Älteren (755–797) übersetzt wurden und deren Originallehren vom Buddha der Medizin, Sangye Menla, stammen. Dieser bezeichnet Unwissenheit, Illusion und Anhaftung als die drei Gifte, die den Menschen krank machen, denn sie bringen Neid, Zorn und Ablehnung hervor.

Wer eher auf der Suche nach sich selbst ist, wird die Klostertore durchschreiten, um dort einem Meister zu begegnen, der ihn unterweist und seine kranke Seele heilt.

Wer sich besonders für die politische Lage in Tibet interessiert, kann in *Gangchen Kyishong*, nicht weit vom Gebäude der Exilregierung, des *Kashag*, die tibetischen Archive konsultieren. Er wird feststellen, dass diese Regierung von den Tibetern außerhalb und innerhalb Tibets anerkannt wird, nicht aber von ihrem Gastland Indien und ebenso wenig von den Ländern, die den Dalai Lama empfangen. Dennoch hat die Exilregierung, die aus drei getrennten Staatsgewalten besteht, nämlich Parlament, Ministerrat und Oberstem Gerichtshof, verschiedene demokratische Reformen in die Wege geleitet. Sie hat bereits einen Entwurf für die Verfassung des künftigen Tibet vorgelegt:

> «Das künftige Tibet wird als friedliche Nation das Prinzip der Gewaltlosigkeit vertreten. Es wird einem demokratischen Regierungssystem unterstehen, das sich der Erhaltung einer sauberen, gesunden und harmonischen Umwelt widmet. Tibet wird ein vollständig entmilitarisierter Staat sein.»
>
> (Der Dalai Lama – Auszug aus der demokratischen Verfassung Tibets, 2118. tibetisches Jahr, Januar 1992)

Dem Dalai Lama liegt der Bildungssektor besonders am Herzen. Häufig trifft er ausländische Studenten, die ihr Wissen im Tibetischen Kinderdorf, dem T.C.V. weitergeben, das in den sechziger Jahren gegründet wurde. Die ältere Schwester des Dalai Lama, Tsering Dolma, leitete dort eine Kinderkrippe. Bis zu ihrem Tod im Jahre 1964 widmete sie diesem Projekt ihre ganze Liebe. Nun hat ihre jüngere Schwester Jetsum Pema Gyalpo die Leitung übernommen. Das T.C.V. liegt am Berghang im Wald verborgen. Hier kommen die meisten tibetischen Kinder an, die von ihren Familien heimlich ins Exil geschickt wurden, um eine moderne und zugleich tibetische Schulbildung zu erhalten. Das T.C.V. ist in Häusern organisiert, in denen die Kinder wohnen und schlafen. In jedem Haus übernimmt eine Frau die Mutterrolle und schenkt Zuneigung und Aufmerksamkeit. Die Kinder kommen als Entwurzelte an. Hier treten sie in Kontakt mit ihrer eigenen Kultur und Tradition, indem sie ihre Muttersprache lesen und schreiben lernen ebenso wie Englisch und Hindi.

Wer sich über die Verletzung der Menschenrechte empört, folgt der Hauptstraße in MacLeod bis zum Haus der Neuankömmlinge, einem großen, mehrstöckigen Gebäude. Dort begegnet er Tibetern, die Tag und Nacht durch die Hochgebirgsketten des Himalaya marschiert sind und alles zurückgelassen haben, um ihrem spirituellen Führer, dem Dalai Lama, ihre Verehrung und ihren Schmerz zu Füßen zu legen.

An diesem Morgen des 10. März 1995 herrscht ungewöhnlich reges Treiben und ein ständiges Hin und Her zwischen dem Dorf und dem Namgyal-Tempel. Tausende von Tibetern aus der ganzen Welt sind zusammengekommen, um den Jahrestag des Aufstandes in Lhasa zu begehen. Dort setzten sich im Jahre 1959 zwanzigtausend Tibeter gegen die Invasion von sechzigtausend Soldaten der chinesischen Armee zur Wehr. Der dreitägige Widerstand endete in einem unvorstellbaren Gemetzel. Laut chinesischer Statistiken sollen über achttausend tibetische Zivilisten umgekommen sein. Unvermittelt hatte sich ein bleierner Mantel der barbarischen Gewalt über das Dach der Welt gelegt.

«1959 musste ich erst den von der Internationalen Juristenkommission veröffentlichten Bericht lesen, um die ganze Grausamkeit dessen, wovon ich bereits gehört hatte, wirklich zu begreifen. Kreuzigungen, Vivisektionen, Verstümmelungen waren an der Tagesordnung. Menschen wurden enthauptet, verbrannt, zu Tode geprügelt und lebendigen Leibes begraben. Sie wurden von galoppierenden Pferden zu Tode geschleift, mit dem Kopf nach unten aufgehängt, mit gefesselten Händen und Füßen in eiskaltes Wasser geworfen. Und damit sie auf dem Weg zur Hinrichtung nicht «Lang lebe der Dalai Lama!» rufen konnten, riss man ihnen mit Fleischerhaken die Zunge heraus.»

(Der Dalai Lama, *Das Buch der Freiheit*)

An diesem Morgen holt uns nicht das kristallklare Surren der großen Gebetsmühle aus dem Schlaf, auch nicht der mächtige Gesang der Mönche oder der dröhnende Klang der *Radongs**. An diesem Morgen ist die Luft erfüllt vom Stimmengewirr der Tibeter, die *Mantras* rezitieren oder sich von den Neuankömmlingen aus der Heimat berichten lassen.

Die ältesten Tibeter, die noch traditionelle Kleidung tragen, erinnern sich mit ernsten Gesichtern. Die neu Angekommenen bewegen sich langsam und bedächtig, wie es Bergbewohnern eigen ist. Ihre Haut ist von Wind, Schnee und Kälte der hohen Gebirgspässe gegerbt. Sie sind erschöpft von den kräftezehrenden Nächten, in denen sie pausenlos gewandert sind. Ein einfacher Stock dient jenen als Stütze, denen ein erfrorener Fuß amputiert werden musste, ein Fäustling schützt den Stumpf, der einst eine Hand war. Viele werden von quälendem Husten geschüttelt. Trotz der Erschöpfung haben sie alle leuchtende Augen. Sie sind frei. Jene, die schon länger im Exil leben, begleiten sie, und helfen ihnen, sich zu orientieren, und versetzen die Neuankömmlinge darüber in Erstaunen, wie schnell sie die indische Kultur in ihre eigene integriert haben.

Die Frauen haben sich blaue, grüne und rote Bänder in das lange Haar geflochten, die sich bunt und fröhlich vom Rücken ihrer braunen oder grauen *Chuba* abheben. Sie haben hervorgeholt, was ihnen an Schmuck noch geblieben ist: Türkise, Perlen, Korallen und Bernstein. Mit seiner majestätischen Schönheit weckt dieser Schmuck immer wieder die Faszination westlicher Touristinnen, die auf der Suche nach «exotischen» Dingen sind. Die Frauen beten ihre Gebetsschnüre ab. Kinder rennen ausgelassen vom einen zum anderen. Diese kleinen, kompakten, unverzagten Energiebündel verkörpern das Tibet von morgen.

Eremiten und Yogis sind aus ihren Höhlen gekommen. Ein Sitzkissen unter den Arm geklemmt, suchen sie sich einen Platz im großen Hof des Namgyal und versenken sich in die Erinnerung an jene, die nicht mehr sind.

Dieser 10. März ist anders als die vergangenen Jahrestage. Der Aufruf zu einem «Marsch für den Frieden in Tibet und in der Welt» hat ungewohnte Menschenmassen zusammenströmen lassen. Ursprünglich sind wir sogar aus allen Himmelsrichtungen angereist, um beim «Marsch der **Rückkehr**» nach Lhasa dabei zu sein. Doch in einer an die Organisatoren gerichteten Botschaft hat der Dalai Lama erklärt, dafür sei der Zeitpunkt noch nicht gekommen:

«... Seit Beginn der Tragödie Tibets ist meine Überzeugung nie ins Wanken geraten, dass unsere Sache eines Tages siegen wird. Diese Überzeugung wurzelt in der Gerechtigkeit unseres Anliegens und im unbezwingbaren Geist unseres tibetischen Volkes. Wieder einmal sind Hunderte von Tibetern zusammengekommen, um einen Friedensmarsch von Delhi nach Lhasa zu unternehmen, obwohl sie dabei Prügel, Verhaftung und sogar ihr Leben riskieren ... Die Tibeter haben immenses Vertrauen zu mir. Ich bin mir der Verantwortung bewusst, die ich für das Geschick meines Volkes und meines Landes trage. In der Ausübung dieser Verantwortung bemühe ich mich stets, mich von praktischem Denken, Realismus, Geduld und rechtem Sehen leiten zu lassen. Viele Tibeter sind ungeduldig und frustriert, weil reale Fortschritte bei den Bemühungen um eine friedliche Lösung unseres Problems nach wie vor ausbleiben. Ich verstehe sie, ich teile ihr Gefühl der Dringlichkeit unseres Kampfes für die Freiheit. Aber ich kann Euch diesen Friedensmarsch nicht antreten lassen, ohne Euch mitzuteilen, was mir Sorgen bereitet. Ich spüre mit aller Gewissheit, dass der gegenwärtige Zeit-punkt vor dem politischen Hintergrund nicht geeignet ist, um ein solches Wagnis einzugehen. Wenn der richtige Zeitpunkt gekommen ist, werde ich selbst an einer entsprechenden Veranstaltung teilnehmen. Ich habe mich stets bemüht, jene, die das tibetische Volk wohlwollend und großzügig unterstützen, vor Nachteilen und Schwierigkeiten zu bewahren. Ich freue mich, dass die Organisatoren dieses Marsches bereit sind, meine Bedenken zu berücksichtigen, dass sie auf Lhasa als Ziel verzichten und sich stattdessen entschieden haben, von Dharamsala nach Delhi zu marschieren.»

Die Enttäuschung war groß. Ein einziger Satz hatte zwei Jahre hoffnungsvoller Vorbereitung zunichte gemacht und die Realisierung des großen Traumes von der **Rückkehr** in eine ungewisse Zukunft verschoben.

An diesem Morgen sitze ich mit drei- bis viertausend Personen im Hof des Tempels, unsere Augen blicken ins Leere, der verlorenen Hoffnung nach. Tränen rollen die Furchen der Gesichter entlang, die gegerbt sind vom Wind der Hochebenen. In gemeinsamem Gebet erwarten wir den Dalai Lama. Die Atmosphäre ist gespannt. Man weiß, dass sich in der Menge Agitatoren verbergen. Die Ordner lassen ihre wachsamen Blicke unablässig über die Versammelten gleiten, um beim geringsten Zwischenfall sofort einzugreifen. Endlich öffnen sich die Tore der Residenz des Dalai Lama. Ein Weihrauchbecken schwenkend, schreitet der Zeremonienmeister durch die Menge und bahnt sich einen Weg zum Tempelvorhof.

Schweigen senkt sich über die Versammelten, wir vertiefen uns in ein inbrünstiges Gebet. Die Gestalt des Dalai Lama wird sichtbar. Unzählige weiße *Katas** erheben sich über die gesenkten Köpfe. Langsam durchschreitet Er die wenigen Meter zum Tempel. Ruhig lächelnd verströmt Er Seine Energie des Mitgefühls. Er grüßt die ihm zugewandten Gesichter. Vor der großen Widerstandskämpferin Ama Adhe, die neben mir sitzt, hält Er einen Augenblick inne, lächelt ihr zu.

Wortlos spendet Er Trost. Er erwärmt diese Seelen, die so lange schweigend gelitten haben, Er erfüllt diese Körper, die so vieles erduldet, so vieles ertragen haben, mit neuer Energie. Seine Aufmerksamkeit richtet sich besonders auf die Älteren, die einen weiten Weg zurückgelegt haben, um Ihn ein letztes Mal zu sehen. Er ist mit ganzer Aufmerksamkeit bei ihnen, auf Ihm ruht das Schicksal des tibetischen Volkes. Er ist ihr spiritueller und weltlicher Führer.

Diese Alten sind Tibets Seele, die Hüter der Tradition. Sie haben sich ihre Würde bewahrt, keine Folter, keine Misshandlung konnte sie brechen.

Sie lauschen Ihm, lassen sich von Seinen Worten durchdringen. Sie sind die Triebfedern dieses Großen Marsches. Die Triebfedern der **Rückkehr**, die es eines Tages ermöglichen wird, das Land in eine Friedenszone zu verwandeln und neu aufzubauen. Viele möchten aufbegehren, zu den Waffen greifen. Der Dalai Lama beschwichtigt sie, rät ihnen zu einer Haltung, die «keinen Sieger und keinen Verlierer» hervorbringt. Er macht ihnen begreiflich, dass es noch eine andere Kraft gibt als die Gewalt. Eine Kraft, die größer, wirksamer ist als alle Waffen. Eine innere Kraft, die man aus sich selbst schöpfen muss. Wozu würde es also dienen, sich selbst zu opfern? Diese Kraft kann von den Kugeln des Gegners nicht erreicht werden. Sie verwirrt die Chinesen nachhaltig, und zu einem Zeitpunkt, an dem es niemand erwartet, wird sie die Situation umschlagen lassen.

Ernst vor seinem Publikum stehend, erklärt der Dalai Lama, seit dem Aufstand von 1959 habe sich wenig verändert, die chinesische Regierung habe ihre Unterdrückung nur noch verschärft, und es sei ihr Ziel, Tibet mittels Gewalt, Einschüchterung und massiver Bevölkerungsumsiedlung zu unterwerfen. Es sei unerlässlich, dass die internationale Gemeinschaft der chinesischen Regierung weiterhin eindeutige Botschaften übermittele, um sie zu Verhandlungen ohne Vorbedingungen mit Tibet zu bewegen. Er, der Dalai Lama, wolle stets den «Weg der Mitte» wahren.[3]

Nach der Zeremonie folgen wir mit Ama Adhe dem Dalai Lama und dem Premierminister des Himachal Pradesh zum *Kashag*, dem Sitz der tibetischen Behörde auf halbem Weg zwischen dem Namgyal-Tempel und Dharamsala.

Auch die Sonne trägt zur festlichen Atmosphäre bei. Tibetische und indische Flaggen, Spruchbänder mit den Slogans «Freiheit für Tibet», «Stoppt die Atomversuche», «Stoppt die Zwangsabtreibungen», «Ende des Völkermords» werden emporgehalten. Die farbenfrohe Menge in ihren roten, blauen, grünen und gelben Gewändern folgt dem gewundenen Weg zwischen den Berghängen, von denen ihre Gebete widerhallen: «*Ghe ua yi gnur du da – Lama Sanghie du ghiur*

----
3 Siehe Anhang I.

ne – De ua ci chian ma lu pa – To yi sa la go par scie» (Möge der noch nicht geborene *Bodhichitta** sich erheben und möge der bereits geborene sich in seiner makellosen Reinheit verbreiten). Dieses Gebet werden sie auf ihrem gesamten Marsch bis nach Delhi singen.

Noch nie in meinem Leben habe ich eine solche Reinheit verspürt, eine solche Leichtigkeit in der Atmosphäre. Alle Grenzen sind aufgehoben: Alte, Junge, Geistliche, Laien, Tibeter, Inder und Europäer schreiten langsam dahin, miteinander, gemeinsam.

Angst, Erschöpfung, Enttäuschung sind verflogen. Keine Anweisungen mehr, kein Durcheinander, sie gehen voran.

Am *Kashag* nehmen wir die letzten Ermahnungen des Dalai Lama entgegen und empfangen noch einmal seinen Segen. Dann kehren wir nach Dharamsala zurück.

Nach einer letzten Stärkung versammeln sich die Marschteilnehmer zum Aufbruch nach Delhi. Mit Ama Adhe steigen wir wieder nach MacLeod Ganj hinauf. Alles erinnert an Tibet, die Berge, die Luft, das Blau des Himmels. Ich weiß kaum noch, wo ich mich befinde; wir überlassen uns der Freude, die uns trägt und uns die Gewissheit schenkt, dass an diesem Morgen in der Erdatmosphäre etwas Gestalt angenommen hat: die **Rückkehr**, ihre **Rückkehr nach Tibet**.

AMA ADHE
Die Khampa-Widerstandskämpferin

> Wo immer du ein großes Ende siehst,
> darfst du eines großen Anfangs sicher sein.
> Entsetzt eine ungeheure, schmerzvolle
> Zerstörung deinen Geist,
> so tröste ihn mit der Gewissheit
> einer großen und weiten Schöpfung.
> Gott ist nicht nur in der leisen,
> ruhigen Stimme,
> sondern auch im Feuer und
> im Wirbelsturm.
>
> SRI AUROBINDO

Am Tempelausgang hatte ich mich Ama Adhe angeschlossen, und seitdem liefen wir nebeneinanderher. Von Zeit zu Zeit blieb sie stehen. Ihr wurden die Beine schwer. Lachend schwenkte sie in der rechten Hand die tibetische Flagge, eine große aufgehende Sonne mit roten und blauen Strahlen: Die Macht der tibetischen Tugenden strahlt über dem uralten Gipfel der Freiheit, der von zwei Schneelöwen bewacht wird. Sie lachte mit diesem besonderen Lachen, das den Tod hinter sich lässt und Leben versprüht. Dieses Lachen hat ihr geholfen, die Schrecken des Völkermordes in ihrer Heimat zu ertragen. Sie ist durch und durch Kraft, sie beschämt uns, die wir tatenlos zusehen, wie Ende des 20. Jahrhunderts Vernichtungslager eingerichtet werden, aus denen die wenigsten zurückkehren. Doch Tibet ist fern, so fern …

Am Tag nach dem Friedensmarsch besuche ich Adhe im Heim für Neuankömmlinge in MacLeod Ganj. Die Haupttreppe zwischen den Schlafräumen hinauf bahne ich mir einen Weg durch die spielenden Kinder. Ihre hochroten Wangen sind übersät mit kleinen violetten Flecken vom Enzian, mit dem die während ihrer beschwerlichen Reise aufgetretenen Ausschläge behandelt wurden. Sie warten darauf, dass die «älteren Kollegen» aus der Schule kommen und sie mitnehmen in eine neue Welt, die es zu entdecken gilt.

Durch eine offen stehende Tür erhasche ich einen Blick auf eine Reihe von Eisenbetten, auf denen sich erschöpfte Körper ausruhen. Sie erholen sich von den tagelangen Strapazen des Marsches über die Gebirgsketten des Himalaya. Ein Grüppchen sitzt plaudernd auf dem Boden, jeder mit einem Glas dampfenden Tees in der Hand. Lachen wird laut, ein Blick voller Lebensfreude begegnet dem meinen. Wir tauschen ein beredtes Lächeln. Mitleid ist weder angebracht noch erwünscht.

Hinter mir erklingt ein «*Tashi Delek**». Ich wende mich um. Der Mann, der mich angesprochen hat, ist sehr groß, sicher ein Khampa*. Da ich nicht weiß, ob er Englisch spricht, sage ich nur: «Ama Adhe». Er bedeutet mir, ihm zu folgen. Wir steigen die Treppe hinauf und erreichen das Terrassendach mit Blick auf die Gipfel des Dhauladar-Gebirges.

Bunte Gebetsfahnen flattern an ihren Masten im Wind. Sie schützen diese Stätte und senden ihre Gebete in die vier Himmelsrichtungen. Mein Begleiter gibt mir zu verstehen, dass ich angekommen bin, und weist auf eine Tür. Ein kleiner weißer Hund bewacht den Eingang. Bellend ruft er seine Herrin herbei, die lächelnd in der Türöffnung erscheint.

Auch sie wirkt beeindruckend groß. Ruhig beugt sie sich zu ihrem kleinen Freund hinunter, spricht mit ihm, besänftigt ihn, nimmt ihn auf den Arm und schaut mich lachend an, wie um sich für sein ungestümes Gebell zu entschuldigen. Sie beginnt zu sprechen, sie redet wie ein Wasserfall auf mich ein. Ich verstehe kein Wort, doch ich spüre die Wärme in diesem runden Gesicht, das von zwei mit bunten Bändern geschmückten Zöpfen eingerahmt wird. Die funkelnden Augen fordern mich auf, in die kleine Zweizimmerwohnung einzutreten. Hier hat Ama Adhe sich ihre Welt neu erschaffen.

Der erste Raum ist die Küche. Mit einem raschen Blick bemerke ich die traditionellen Utensilien, die über dem einzigen modernen Gegenstand, einem brennenden Gaskocher, an der Wand hängen. Auf dem Kocher simmert in einem dreistöckigen Gefäß das Wasser für die *Momos**. Auf einem gewachsten Holztisch stehen Gläser und eine Thermoskanne Tee bereit. Eine Bank an der Wand dient als zusätzliches Bett.

Adhe führt mich in ihr Wohnzimmer. Der Raum ist groß, hell, auf zwei Betten liegen Teppiche. Decken und Federbetten sind am Kopfende zusammengerollt und dienen tagsüber als weiche Rückenlehnen. Adhe setzt sich auf das Bett am Fenster. Sie greift nach ihrer großen Gebetsmühle und setzt sie mit einer winzigen Handbewegung in Gang. Die Augen gedankenverloren auf die Berge gerichtet, rezitiert sie das *Mantra* des Avalokiteshvara*, des Buddhas* des Mitgefühls: «*Om mani padme hum.*» Kein Laut dringt aus ihrem Mund, auch ihre Lippen bewegen sich nicht. Diese Angewohnheit hat sie im Gefängnis angenommen, um nicht bestraft zu werden. Sie beobachtet mich.

Adhe lässt mir Zeit, ihre Welt zu entdecken, in der heilige und profane Gegenstände unmittelbar nebeneinander stehen. Im Hintergrund des Zimmers beleuchtet eine Öllampe einen kleinen Altar, auf dem Bilder des Dalai Lama* und des Panchen Lama* stehen, daneben Statuen des Lord Buddha* und der Tara*. Die Legende berichtet, dass Avalokiteshvara angesichts des Leidens in der Welt zwei Tränen vergoss. Die Buddhas segneten diese Tränen und verwandelten sie in zwei Taras. Die weiße Tara oder Dolma* steht für den mütterlichen Aspekt des Mitgefühls, die grüne Tara für dessen aktive Kraft. In der Tara hat sich Buddhas erleuchteter Geist erstmals in einem Frauenkörper inkarniert. Sie steht auch für die vertrauensvolle Hingabe, der nichts unmöglich ist, für den «Glauben, der Berge versetzt», für die Weisheit des Herzens. Vor den Statuen auf dem kleinen Altar hat Adhe in einem Teller die Opfergaben des Tages ausgelegt: Kekse, Äpfel und Orangen, die später unter den Familienmitgliedern geteilt werden. Sieben kleine, mit reinem Wasser gefüllte Bronzeschalen sind nebeneinander aufgereiht. Sie stehen für die sieben kostbaren Heiltränke. Am Abend werden sie ausgeleert. Glimmender Weihrauch als Räucheropfer, eine Öllampe als Symbol für das Licht. Zwei kleine *Tormas** aus Mehl, verziert mit Motiven aus eingefärbter Butter, haben die Gestalt der Tagesgottheit angenommen; später werden sie weggeworfen.

Doch der Gegenstand, der meine Aufmerksamkeit am längsten fesselt, ist das Khampa-Messer, das in seinem Futteral an der Tür hängt. Es wirkt, als könne es jederzeit wieder seinen Platz auf Adhes *Chuba* einnehmen. Während ich es anstarre, scheint es zu vibrieren. Und ich sehe Adhe über die grenzenlosen Ebenen des Kham* galoppieren, das Messer an ihrem Gürtel hüpft im Rhythmus des Pferdes auf und ab. Sie ist glücklich, sie lacht, sie ist frei.

Lachen schallt durch den Raum und reißt mich aus meinem Tagtraum. Ich wende mich um und sehe diese Frau an, die lachend wie ein kleines Mädchen auf ihrem Bett sitzt und das Galoppieren ihres Pferdes imitiert. Sie zieht mich neben sich, nimmt meine Hände in ihre, berührt meine Stirn mit ihrer Stirn und beginnt zu sprechen, sie erzählt von ihren Ritten durch die grenzenlose Freiheit. Auch wenn ich kein Wort verstehe, so erfasse ich doch den Sinn.

Ama Adhe gehört zu jenen Frauen und Männern, die mehr als ein Viertel ihres Lebens im Gefängnis und in Arbeitslagern zugebracht haben. Ihr Körper leidet noch immer unter den Folgen der Misshandlungen. Sie trägt ihre Häftlingsnummer unauslöschlich in die Haut tätowiert. Auch ihr Herz ist zerrissen, denn man hat sie jäh von ihrem kleinen Sohn getrennt. Sie hat niemals erfahren, wie er gestorben ist, und diese Frage lässt ihr keine Ruhe. Sie würde alles darum geben, die Wahrheit zu kennen. Um ihren Schmerz zu besänftigen, betet sie. Sie betet stundenlang, vor Augen das Bild einer kleinen gelben *Chuba*, die mit ausgebreiteten Armen auf sie zu rennt ...

... Ich bin im Jahr 1934 um *Losar**, den ersten Tag des tibetischen Jahres geboren, in Nyarong, in der Provinz Kham. Kurz nach meiner Geburt haben sich meine Eltern in Lobasha im Distrikt Kanze niedergelassen, einer Gegend voller grünender Täler, umgeben von heiligen Bergen. Von unserem Haus aus konnte ich den Nyate Khabori sehen. Bei Sonnenaufgang war sein Gipfel von einem fahlen Hof umgeben, aus dem die funkelnde Spitze hervorragte, sie erinnerte an einen meditierenden Lord Buddha. Pilger umrundeten ihn und verehrten ihn durch einfaches Schreiten oder, mit mehr Inbrunst, indem sie sich bei jedem Schritt niederwarfen. Außer unseren unerschrockenen Kriegern wagten es nur wenige, die felsigen Wände dieses Bergs zu erklettern. Die Provinz Kham besteht aus einem kargen Hochland mit schroffen Gipfeln und tief eingeschnittenen Tälern zwischen steilen Gebirgsmassiven.

Ich verbrachte viel Zeit damit, die Murmeltiere an den Felswänden zu beobachten. Sie richteten sich auf und sicherten nach rechts und links. Wenn kein Feind auszumachen war, hüpften sie in kleinen Sprüngen von Stein zu Stein. In der Nähe des Dorfes, rund um unseren Berg, gab es drei Seen. Im Sommer badeten wir darin und spielten in den warmen Quellen, die sich in sie ergossen. Oberhalb der Seen bargen unsere jahrtausendealten Wälder zahlreiche seltene Tier- und Pflanzenarten. Ich weiß nicht, was heute noch davon übrig ist, nachdem die Chinesen dort durchgezogen sind. Im Frühling, wenn der Rhododendron blühte, überzogen sich die Berghänge mit allen Rottönen. Es war herrlich. Die Wälder boten vielen Wildtieren Lebensraum. Im Winter kamen die seltenen Schneeleoparden, deren Fell als Zierde für Zeremoniengewänder begehrt ist, und außerdem Bären und Wölfe in die Ebenen hinunter, um dort zu jagen. Hasen und Kaninchen spielten friedlich und flüchteten nicht, wenn wir näher kamen. Natürlich gab es ein paar Wilderer, die ihnen Fallen stellten. Sie aßen das Fleisch und verarbeiteten das Fell zu Kleidung und Schuhen, die ausgezeichnet gegen Kälte und Schnee schützten. Wir sahen das allerdings nicht gern. In der buddhistischen Tradition respektieren wir alle Lebewesen, auch die Tiere.

Der Sommeranfang gab Anlass für große Feste, Picknicks und Pferderennen. Die Tibeter sind sehr gesellig, sie lieben es, in den Wiesen voller farbenprächtiger Blumen gemeinsam zu spielen, zu tanzen, zu singen und zu trinken. Es war einfach zauberhaft. Oft zogen Wildgänse vorbei. Ihr Flug zeichnete fliehende Schatten auf das Gras. Als Kinder rannten wir ihnen nach und spielten auf diese Weise mit ihnen. Der Sommeranfang war die Zeit der Feiern, zu denen das ganze Tal zusammenkam. Die weißen Zelte wurden in den Wiesen und an den Berghängen aufgestellt und festlich geschmückt. Eines von ihnen war den Mönchen vorbehalten. Sie rezitierten Gebete und *Mantras*, die die Atmosphäre reinigen sollten, damit uns eine gute Ernte beschert würde.

Währenddessen spielten die Kinder, die Frauen kochten Unmengen von *Momos* und *Thukpas**, und die Männer brauten *Chang**. Wir jungen Mädchen zogen unsere schönsten *Chubas* an, denn es war auch die Zeit der Flirts. Wir schmückten unser Haar mit Korallen, Bernstein und Türkis. Tibeterinnen sind sehr kokett! Traditionell fanden viele Pferderennen statt. Unsere Reiter lieben ihre Pferde sehr. Sie verzieren die Sättel und zeigen ihren Stolz über das kraftvolle Spiel der Halsmuskeln, wenn die Pferde den Kopf im Lauf heben und senken.

Mein Vater und mein Bruder waren ausgezeichnete Reiter. Häufig organisierten sie Wettkämpfe im Bogenschießen und Pferderennen auf unserem Weideland. Zu solchen Anlässen versammelte sich das ganze Tal. Eines der Reiterspiele bestand darin, dass ein weißes Tuch, eine *Kata*, auf den Boden gelegt wurde. In vollem Galopp ergriffen die Reiter das Tuch vom Sattel aus. Bei einem anderen Wettkampf hielt man die *Kata* in einer Hand und versuchte, sie möglichst lange zu behalten, ohne sich aus dem Sattel werfen zu lassen. Oder der Reiter musste in vollem Galopp abspringen, einen Gegenstand ergreifen und wieder aufspringen, ohne sein Pferd loszulassen, all das in einer einzigen Staubwolke. Wir sind sehr stolz auf unsere Pferde, um die sich viele Legenden ranken. Wir nennen sie *Lung Ta**, «Windpferde». Das sind mythische Wesen, die in ihrem entfesselten Lauf die Gebete und die Bitten an die Gottheiten mit sich tragen und verbreiten. Tatsächlich berühren ihre Hufe im schnellsten Galopp die Erde nicht mehr, sie fliegen.

Heute im Exil hat sich vieles verändert, aber noch immer legen wir zu wichtigen Anlässen unsere Festgewänder an und holen den wenigen Schmuck hervor, der uns geblieben ist ... Unsere Männer spielten *Sho* (Würfel). Wenn Sie darauf achten, werden Sie auch hier in MacLeod sehen und hören, wie sie spielen. *Sho* ist unser Nationalspiel. Jeder Tibeter kennt es. Die Männer, manchmal auch die Frauen, sitzen im Kreis um ein hartes Lederkissen. Die Würfel kommen in eine Holzschale. Mit einer schnellen Bewegung und einem schrillen Schrei werden sie auf das Lederkissen geworfen. Die Punkte werden gezählt. Die Strafpunkte werden mit Muscheln bezahlt ...

Vor sehr langer Zeit war Tibet von Wasser bedeckt, deshalb findet man an der Erdoberfläche viele Muscheln und «springende» Steine. Unsere berühmten *Dzi* sind seltene Steine, die wir als Schutzamulette um den Hals tragen. *Sie zeigt mir ihre Halskette.* Sie bannen die bösen Geister und wenden den Blitz ab. Die Legende besagt, dass die Geister in den Vollmondnächten aus der Tiefe der Erde emporkommen und sich mit kleinen Sprüngen fortbewegen wie Kobolde. Dann kann man versuchen, sie zu fangen.

Ich war eine ausgezeichnete Tänzerin. Unsere Feste dauerten bis zum Morgengrauen. Das ganze Tal hallte wider vom fröhlichen Echo der Musik und der Gesänge, mit denen wir die Tänze begleiteten. Gegen Sonnenaufgang fielen die Tänzer einer nach dem anderen zu Boden, weil sie sich die ganze Nacht um sich selbst gedreht hatten wie tanzende Derwische. Leider haben meine Beine so gelitten, dass ich heute nicht mehr tanzen kann, nur noch singen ...

Dennoch hat Adhe am Abend des Friedensmarsches im Hof des Namgyal-Tempels getanzt und mit den «Alten» von Mac-Leod gesungen. Ihr Gesicht leuchtete, und sie lachte wie in glücklichen Zeiten. Die Tänzer hatten zwei Halbkreise gebildet, auf der einen Seite standen die Frauen, auf der anderen die Männer. Sie stampften im Takt der Musik. Die Schritte gingen vor und zurück und im Kreis. Der Frauen- und der Männerchor antworteten einander. Während der Kreis immer größer wurde, beschleunigte sich der Rhythmus im Crescendo der Gesänge.

Ich stamme aus einer Familie von Halbnomaden, den so genannten *Rongdrops.* Im Sommer zogen wir mit unseren Pferden auf die Hochebenen, um die Yak- und Schafherden zu begleiten. Wir lebten mehrere Monate unter den *Drokpas* (Zelten), deren Stoff aus gesponnenem Yakhaar Regen und Schnee abhält. Jedes Zelt beherbergte zwischen fünf und zehn Personen. Wir schliefen auf Teppichen direkt auf dem Boden. Außer dem Küchenbereich am Eingang gab es einen Bereich für die Männer und einen für Frauen und Kinder, der durch einen kleinen Gebetsaltar abgetrennt war. Meine Mutter brachte die Vorräte mit, Dörrfleisch, getrocknetes Gemüse und *Tsampa**, die in Holzkisten gelagert wurden. Eine Öffnung im Zeltdach rund um den Mittelpfosten diente als Kamin. Bei Tagesanbruch, wenn die Sonne die Steppe erhellte, zogen die Männer mit den Herden hinaus und spielten dabei auf ihren Flöten oder sangen Liebeslieder, oft an die weißen Pferde, die selten und deshalb sehr wertvoll sind ...

Sogleich erfüllte sich die Atmosphäre mit einer leichten Vibration. Wir tranken viel Tee mit gesalzener Butter, dem wir *Tsampa* hinzufügten. Das war unser Hauptnahrungsmittel. Es hielt uns warm. Wenn die Herden nach dem Melken aufgebrochen waren, gingen die Frauen ihren eigenen Tätigkeiten nach. Tagsüber webten sie an langen Webstühlen unmittelbar über dem Boden den Stoff aus Yakhaar. Sie sammelten den Dung der Tiere, ließen ihn trocknen und stapelten ihn als Brennmaterial im Zelt.

Wenn ein Yak Nachwuchs bekam, kümmerten sich die Frauen darum, und das war wieder eine Gelegenheit zum Feiern. Die Kinder beschäftigten sich mit den Kälbchen, und sie freuten sich auch sonst an jeder Kleinigkeit, an einem Stein, an Hasenknödeln. Sie spielten stets unter den aufmerksamen Blicken unserer wehrhaften Wachhunde, die bei jedem Anlass anschlugen und immer angriffsbereit waren. In jener Zeit gab es keine dunklen Wolken am Horizont. Alles war einfach.

Nichts ist endgültig vorbei. Trotz all der Leiden, die wir erdulden mussten, haben wir nicht resigniert, sondern verbringen viel Zeit mit Lachen und Singen. Das gehört zu unserer Kultur. Jede Jahreszeit hat ihre eigenen Gesänge und heiligen Tänze, es gibt den Erntetanz, den Liebestanz, den Dankestanz an die Natur. In Kham sind die Leute trotz der Kolonisierung und der Zunahme von Straßenbau und Handel noch immer sehr traditionsgebunden. Unsere Angst vor dem Unbekannten, unsere Sozialstruktur, unsere Nahrungsmittel und unsere Zeremoniengewänder aus Brokat – daran hat sich nichts geändert. Die Provinz Kham ist eine Landschaft von einzigartiger, wilder Schönheit, ihre Hochebenen sind uneinnehmbar, und das wird auch immer so bleiben.

Bei den ersten Vorboten des Winters, wenn der Schnee kam, noch bevor der Boden gefror, zogen wir wieder hinunter zu unseren Höfen, um mit Frühlingsbeginn unsere Gerstenfelder zu bestellen. Die Gerste ist unser Hauptgetreide, sie ist für uns das, was der Reis für die Inder ist. Mit der besten Gerstensorte *Ney* wurden *Tsampa* und *Chang* zubereitet.

Tsampa aßen wir, wie hier auch, zu allen Mahlzeiten. In den Gärten um die Häuser zogen wir Gemüse, Rüben, Rettich und Erbsen. Wir sammelten Wildgemüse, Zwiebeln, Spargel, Pilze, und wir ernteten Früchte … Die Gemüsevorräte für den Winter wurden getrocknet. Jedes Mal, wenn wir im Herbst in das verlassene Dorf zurückkehrten, war das Leben so leicht. Morgens half ich meiner Mutter, die *Dris** zu melken, den Rest des Tages konnte ich spielen. Als Kind war ich mir meines Glückes gar nicht bewusst. Ich glaube, an dem Tag, an dem ich erfahre, dass Tibet frei ist, werden meine Beine wieder jung, und ich werde in meine Heimat zurückkehren und wieder durch die Berge rennen können. An diesem Tag werde ich ein großes Fest für all jene geben, die Tibet unterstützen, *sagt sie lachend* ... Tibet, das «Dach der Welt» ist ein wahres Kleinod von Frieden und Harmonie.

Vor der Invasion wussten wir wenig oder gar nichts von der Welt. Noch heute gibt es auf den Hochebenen Nomaden, die nie einen Fremden gesehen haben. Auch ich musste erst festgenommen, ins Gefängnis geworfen und gefoltert werden, musste erst ins Exil fliehen, um zu erkennen, dass die Welt gespalten war durch Unwissenheit, Neid, Eifersucht und vor allem durch den Mangel an Mitgefühl. Denn erst das Mitgefühl versetzt die Menschen in die Lage, einander anzuerkennen und sich zu vereinen, über alle Kulturen, Religionen, Rassen und Konflikte hinweg ...

Mit belustigter Miene: Ich bin nie zur Schule gegangen. Jede Familie hatte einen Mönch als Berater und Erzieher. Er brachte den Kindern Lesen bei und lehrte sie, Gebete zu rezitieren. Mir selbst hat mein Vater anhand unserer heiligen Texte alles beigebracht.

Stolz fährt sie fort: Mein Vater Dorje Rabten galt als sehr weise, deshalb sprach er in unserer Region Recht. Die Leute vertrauten ihm. Wenn sich zwei Menschen zerstritten hatten oder ein Diebstahl begangen worden war, kamen die betroffenen Parteien abends zu uns nach Hause, um mit meinem Vater zu sprechen. Geduldig hörte er jeden an. Er stellte Fragen, um herauszufinden, wer Schuld hatte. Neugierig, wie ich war, wollte ich das alles verstehen, und wenn ich meinen Vater fragte, pflegte er zu antworten: «Jeder ist überzeugt, Recht zu haben. Am besten hört man sie an, ohne einzugreifen, der Schuldige wird sich selbst enthüllen.»

Diese gerechte Haltung nahm mein Vater auch gegenüber seinen zwei Frauen und seinen Kindern ein. Mehrere Frauen zu haben ist in Tibet durchaus üblich, man findet die Polygamie ebenso häufig wie die Polyandrie. Oft sind zwei Ehefrauen Schwestern. Bei meinem Vater war das allerdings nicht der Fall. Doch meine beiden Mütter verstanden sich so gut, dass jeder sie für Schwestern hielt. Die ältere hieß Bochungma, die jüngere Sonan Drolma. Zusammen haben sie meinem Vater vierzehn Kinder geschenkt. Jede stillte die Kinder der anderen genauso wie ihre eigenen. Ich habe mich nie gefragt, welche von beiden meine richtige Mutter war. Ich bekam so viel Liebe und Zuneigung, dass mir diese Frage gar nicht in den Sinn kam. Erst viel später erfuhr ich, dass Sonan Drolma, die jüngere, meine leibliche Mutter war. Bochungma wurde im Alter bettlägerig. Wir Kinder spielten mit ihr, während meine Mutter der Hausarbeit nachging. Abends durfte ich bei Bochungma schlafen und mich in ihre Arme kuscheln. Sie gab mir all ihre Wärme und Zuneigung. Wir waren so vertraut miteinander, dass ich das Gefühl hatte, in den Armen meiner richtigen Mutter zu liegen.

Als ich siebzehn war, wurde es Zeit zu heiraten. Meine Eltern suchten mir einen Ehemann, der genauso angesehen war wie unsere Familie. Aber ich hing so sehr an meiner Familie, dass ich sie auf keinen Fall verlassen wollte. Das sagte ich meinen Eltern. Da forderten sie mich auf, eine Wahl zu treffen: Ich müsse entweder heiraten oder Nonne werden. Die Entscheidung war einfach, ich liebte das Leben viel zu sehr, um mich in ein Kloster zurückzuziehen. Also willigte ich ein zu heiraten. Mein künftiger Gatte lebte in einem Dorf nahe dem unseren, nur zwei oder drei Reitstunden entfernt. Nachdem der Bund zwischen den beiden Familien geschlossen war, machte ich mich in meiner schönsten *Chuba*, auf der ein großer Türkis prangte, und mit Korallenschmuck im Haar auf den Weg zu meinen Schwiegereltern, um dort drei Tage zu verbringen. Ich war jung und sehr schüchtern … Als ich mich von meiner Familie verabschiedete, weinte ich sehr. Meine Schwester begleitete mich, und wir ritten zusammen los.

Als ich bei meinem Mann ankam, war das ganze Dorf vor seinem Haus versammelt und erwartete mich. Beim Absteigen musste ich den rechten Fuß auf einen Schwarzteeziegel setzen, der mit einer weißen *Kata* bedeckt war. Das ist ein traditioneller Willkommensgruß bei der Ankunft in einem neuen Haus. Eine prächtig gekleidete Frau stellte einen wassergefüllten Holzeimer vor mich hin. Ich ging dreimal um ihn herum, als Symbol meiner Reinigung. Danach hielten die Lamas* eine glücksbringende Zeremonie ab, wie sie auch für Kranke durchgeführt wird, um alle schädlichen Einflüsse fern zu halten. Dann gingen sie ins Haus und erteilten allen Familienmitgliedern ihren Segen. Die Feier dauerte drei Tage. Wir haben gesungen, musiziert, getanzt und *Chang* getrunken. Mein Mann hieß Pachen. Er war in der Gegend hoch angesehen, und ich bemerkte sofort, dass er ein sehr gütiger Mensch war. Nach diesen drei Tagen kehrten meine Schwester und ich zu meinen Eltern zurück. Dort gingen die Festlichkeiten weiter … Wie es die Tradition verlangt, blieb ich noch ein Jahr bei meinen Eltern. Mein Gatte kam mich besuchen, um mich kennen zu lernen und mein Vertrauen zu gewinnen. Als das Jahr um war, zog ich zu meiner neuen Familie. Ich weinte viel. Als er meinen Kummer und meine

Tränen sah, sagte mein Mann mit all seiner Güte: «Besuch deine Mutter, sooft du willst, aber sei nicht traurig.»

Die Chinesen hatten sich seit 1949 in der Region niedergelassen. Kham und China grenzen aneinander an. Heute ist meine Heimatprovinz chinesisch.

Der Anblick all dieser Fremden erschreckte mich. Instinktiv misstraute ich ihnen. Ich fürchtete immer, sie würden mich mitnehmen. Wenn sie durch die Straßen marschierten, versteckte ich mich, damit sie mich nicht sahen. Dabei bemühten sie sich sehr, akzeptiert zu werden. 1955 begannen sie sogar, in den Klöstern Geldmünzen (*Da Yang**) zu verteilen. Mehrmals wollten sie auch mir welche zustecken. Aber ich konnte die Münzen einfach nicht nehmen, meine Abneigung war stärker. Als ich mich weigerte, gaben sie das Geld meinen Eltern und sagten: «Kauft Bonbons für sie.» Manchmal kamen sie abends zu uns nach Hause. Sie erklärten: «Wir respektieren eure religiösen Praktiken, sie sind vortrefflich, wir schätzen eure Religion. Mao Tse-tung hat die Volksbefreiungsarmee gesandt, um herauszufinden, ob es hier Probleme gibt, und um euch zu helfen, diese Probleme zu lösen. Wir sind nur zu Besuch hier.»

Das Ansehen meines Vaters war in unserer Gegend so groß, dass die Chinesen ihn zusammen mit anderen Honoratioren nach China einluden. Als er zurückkam, war er sehr zornig. Er sagte immer wieder: «Ich habe herausgefunden, dass die Chinesen nichts Gutes im Schilde führen. Sie machen unseren Klöstern Schenkungen, nur um unsere Herzen zu kaufen. Sie belügen uns ununterbrochen.» Wenige Tage nach seiner Rückkehr wurde mein Vater sehr krank; er bekam die Ruhr. Er weigerte sich, die von den chinesischen

Ärzten verschriebenen Medikamente zu nehmen, und starb kurze Zeit später. Wir waren alle um ihn versammelt, als er seine letzten Worte sprach: «Traut den Chinesen nicht, sie sind gekommen, um uns zu vernichten und unser Land zu zerstören. Versucht mit allen Mitteln, unser Land vor der Zerstörung zu retten!»

Nach seinem Tod und wegen all der Dinge, die in unserer Gegend geschahen, beschloss mein Mann, nach Lhasa zu reisen und die Regierung des Dalai Lama über die Aktivitäten und die Absichten der Chinesen zu informieren. Am Vorabend seines Aufbruchs hatten wir ein Fest ausgerichtet, zu dem wie üblich alle Dorfbewohner eingeladen waren. Im Lauf des Abends wurde mein Mann plötzlich von heftigen Schmerzen befallen. Er starb, noch ehe wir ihn zum Arzt bringen konnten. Wir vermuten, dass die Chinesen einen der Gäste beauftragt hatten, ihn zu vergiften. Ich war zwanzig Jahre alt, hatte einen kleinen, zweijährigen Sohn und war im dritten Monat schwanger. Von da an gingen die Chinesen immer organisierter vor, sie bildeten politische Komitees, zu denen sie die reichen Familien, die Adligen und die wichtigsten Lamas aus den umliegenden Klöstern ins Stabsquartier des Distriktsrates nach Kanze einluden. Wir brachten unseren Leuten das Essen selbst, damit die Chinesen sie nicht vergiften konnten. Wenn ich an der Reihe war, wurde ich immer von den Wachen am Eingang aufgehalten, ich durfte das Gebäude nicht betreten. Das war schon verdächtig.

Schließlich begriff ich, dass die Tibeter, die dem Komitee angehörten, regelrecht unter Hausarrest standen und dass die Chinesen versuchten, sie mit ihren Parolen zu indoktrinieren.

Im gleichen Jahr, also 1957, begannen die Chinesen, von Kloster zu Kloster zu gehen und die Münzen, die sie verteilt hatten, wieder einzusammeln. Um uns zu beruhigen, gaben sie uns stattdessen Scheine. Doch dieses Geld war für uns wertlos, es war ja nur Papier. Denen, die die Münzen nicht zurückgeben wollten, drohten sie mit Gefängnis. Dann begannen sie mit ihren Einschüchterungskampagnen. Die chinesischen Soldaten befahlen uns, Waffen und Munition abzugeben, und erklärten: «Es ist gefährlich für euch, Waffen zu besitzen und sie zu benutzen. Ihr könntet euch im Streit verletzen! ... Wir sind hier, um euch zu schützen ...» Das war die schlimmste Beleidigung, die sie unseren Khampa-Kriegern zufügen konnten.

Die Situation wurde immer angespannter. Zu wissen, dass unsere wichtigsten Repräsentanten unter Arrest standen, war unerträglich. Dass wir das Geld austauschen, unsere Waffen, unsere Munition und unsere traditionellen Messer abgeben mussten, mit deren Gebrauch wir von Kindesbeinen an vertraut waren, empörte uns. Von diesem Zeitpunkt an waren mir die Absichten der Chinesen klar. Wir begriffen, dass wir uns organisieren mussten, wenn wir nicht das gleiche Schicksal erleiden wollten wie mein Vater und mein Ehemann. Die meisten jungen Männer weigerten sich, ihre Waffen abzuliefern, und gingen in den Widerstand. Sie wollten lieber kämpfen als sich unterwerfen. Die Chinesen versuchten sie zu überzeugen, indem sie unsere politischen Repräsentanten für ihre Zwecke einspannten. «Es gibt keinen Grund, Widerstand zu leisten», sagten sie, «ihr könnt eure Waffen abgeben und uns vertrauen.» Das beeindruckte unsere Männer nicht, ihr Vertrauen war ein für alle Mal verloren.

Wegen des Widerstands und um uns einzuschüchtern, begannen die Chinesen, unsere Anführer ganz offen anzugreifen. Sie zwangen alle Tibeter der Gegend, dem ersten öffentlichen Prozess beizuwohnen – wir nennen diese Verhandlungen *Thamzing*. Die Angeklagten, hauptsächlich Lamas, knieten in der Mitte der Zuhörerschaft auf dem Boden, die Stirn auf der Erde, die Hände auf den Rücken gebunden, den Mund geknebelt. Um sie zu demütigen, schlugen die chinesischen Soldaten die Angeklagten vor allen Anwesenden. Sie beschuldigten sie, die Religion benutzt zu haben, um das Volk zu betrügen und zu bestehlen. Dann zwangen sie die Angeklagten, den Urin von chinesischen Soldatinnen zu trinken. Einige weigerten sich, denen schütteten sie den Urin ins Gesicht. Da ging eine Bewegung durch die Anwesenden, missbilligendes Murmeln wurde laut. Wir begriffen nicht, warum sie unsere Repräsentanten so demütigten, wir konnten das nicht hinnehmen. Wir begannen zu protestieren. Daraufhin wurden einige von uns sofort verhaftet und ins Gefängnis geworfen. Nach diesen Protesten drohten die Chinesen, unsere Lamas hinzurichten, wenn unsere Widerstandskämpfer aus den Bergen sich nicht ergäben. Das traf uns tief ... Zum ersten Mal packte uns die Angst, wir erlebten diesen Ausbruch der Gewalt und fragten uns, wie weit die Chinesen wohl gehen würden.

Ab diesem Zeitpunkt entstand organisierter Widerstand. Nachts stiegen wir in die Berge hinauf zu den Widerstandskämpfern. Wir berichteten ihnen, was geschehen war, und baten sie, sich nicht zu ergeben. «Es ist besser zu sterben», antworteten sie, «als den Chinesen in die Hände zu fallen, die sind zu allem fähig!»

Oft kamen die Widerstandskämpfer nachts aus den Bergen herunter, um in die chinesischen Büros einzudringen. Unsere Männer versuchten stets über die nächsten Vorhaben der Chinesen informiert zu sein. Jeden Morgen erfuhren wir, dass Tibeter und Chinesen getötet worden waren. Diese Phase dauerte zwei Jahre.

Unser Widerstand ließ die Gewalttätigkeit der Chinesen geradezu explodieren, sie begannen, unsere Wälder zu bombardieren und Feuer vom Himmel zu speien. Mehr als die Hälfte unserer Männer kam um. Die Überlebenden mussten sich, als ihnen die Munition ausging, auf einem weitläufigen Gelände am Fuß des Berges, das wir *Bu na thang* nannten, mit ihren Schwertern und Messern zum Kampf stellen. In dieser denkwürdigen Schlacht zogen es viele vor, zu sterben, statt sich zu ergeben. Den Anblick nach dem Gemetzel werde ich mein Leben lang nicht vergessen. Der Himmel hatte sich verdunkelt. Die Geier kreisten über dem Gelände, um ihr Bestattungsritual zu vollziehen. Die Verwundeten wurden von Soldaten ins Krankenhaus transportiert. Sie wurden gepflegt, bis sie die Namen der Komplizen der Widerstandskämpfer verraten hatten. Dann ließ man sie sterben. Die Überlebenden wurden mit den Zivilisten ins Gefängnis gesteckt.

Nach dieser Schlacht begannen die Chinesen, die Armen in unserer Provinz zu indoktrinieren. Sie erklärten ihnen, Klöster und Adlige hätten ihnen alle Habe geraubt, und nun sei der Zeitpunkt gekommen, Rache zu nehmen. «Mao Tsetung ist groß», sagten sie, «er steht hinter euch und wird euch helfen!» Sie schenkten ihnen Kleidung, gaben ihnen Nahrungsmittel, Geld und Waffen. Immer häufiger fanden öffentliche Paraden statt. Die Ausübung unserer Religion wurde uns verboten. Mönche und Nonnen waren die bevorzugten Zielscheiben der Chinesen. Sie wurden gezwungen zu heiraten und durften keine Klostergewänder mehr tragen. Einige gaben diesem tyrannischen Druck nach und wurden der Bevölkerung als Vorbilder präsentiert. Denen, die sich weigerten, Zivilkleidung zu tragen oder zu heiraten, wurde mit Gefängnis und Hinrichtung gedroht. Manche wurden sogar gezwungen, in aller Öffentlichkeit Geschlechtsverkehr zu haben. Ein alter Mönch, den ich persönlich kannte, hat sich erhängt; er hinterließ folgende Nachricht:

«Ich will lieber sterben als heiraten. Die Religion und ihre Ausübung sind mein Leben! Ich bitte den Dalai Lama um seinen Segen.»

Zu dieser Zeit plünderten die Chinesen auch unsere Klöster. Sie raubten Statuen, Ritualgegenstände und *Tankas* * und brachten alles nach China. Zahlreiche Klöster wurden in Gefängnisse verwandelt, andere zerstört. Dieser Vandalismus traf uns tief im Kern unseres Wesens, wir waren völlig niedergeschlagen und verzweifelt, wir konnten nur noch weinen. Es gab keine Männer mehr in den Dörfern, sie waren entweder im Widerstand umgekommen oder in Gefangenschaft. Es waren praktisch nur noch Kinder, Frauen und Alte übrig geblieben. Kinder wurden gezwungen, ihre Eltern zu verraten und niederzuschießen.

Während all diese unmenschlichen Dinge geschahen, bildete sich spontan ein Komitee von etwa fünfzig Frauen, zu denen auch ich gehörte. Die meisten von uns waren nomadische Bäuerinnen. Wir teilten die Arbeit unter uns auf. Wir wollten unbedingt herausfinden, wo die Chinesen ihre geheimen Zusammenkünfte abhielten, wie viele sie waren und wo sich ihre Militäranlagen befanden. Tagsüber beobachteten wir ihre Aktivitäten. Nachts kamen wir zusammen, um unsere Informationen auszutauschen und sie an die Widerstandskämpfer weiterzugeben. Schließlich fanden wir heraus, wo der Oberste Befehlshaber wohnte. Die Nachricht wurde an den Anführer der Widerstandskämpfer Pema Gyaltsen, meinen Schwager, weitergeleitet. Wenig später erfuhren wir, dass dieser Befehlshaber getötet worden war. Die Unterdrückung nahm zu. Die Chinesen verhafteten meinen Bruder Usho, der ihrem politischen Komitee als tibetischer Repräsentant angehörte, und ließen verlauten, sie würden ihn exekutieren.

Als Pema Gyaltsen davon hörte, stellte er sich der chinesischen Polizei und sagte: «Ich kämpfe gegen euch, Usho hat mit dem Attentat nichts zu tun, er weiß von nichts. Wenn ihr jemanden hinrichten wollt, dann müsst ihr mich nehmen.» Mein Bruder wurde verschont, blieb aber weiter in Gefangenschaft.

Adhes Gesicht wird ernst, ihre Hände fahren unruhig umher. Sie verharrt einen Moment schweigend, bevor sie ihren Bericht wieder aufnehmen kann.

Nach diesem Ereignis war ich allein. So zog ich aus Sicherheitsgründen mit den Nomaden in die Dritse-Berge in der Nähe von Lobasha. Als ich an einem Oktobertag im Jahre 1958 chinesische Soldaten mit meiner ehemaligen Dienerin ins Lager kommen sah, wusste ich sofort: Sie kamen, um mich zu verhaften. Ich war mit meinem dreijährigen Sohn und meiner kleinen, vier Monate alten Tochter allein im Zelt. Wortlos kamen sie herein und schlugen mich nieder. Als ich wieder zu Atem kam, flehte ich sie an, mich nicht festzunehmen. Ich konnte doch meine beiden Kinder nicht zurücklassen. Weil ich so inständig bat, schlug mich ein Soldat so heftig auf das rechte Ohr, dass ich noch heute auf diesem Ohr schlecht höre. Dann fesselten sie mir die Hände auf den Rücken und schlugen und traten weiter nach mir. Ich brach zusammen. Mein kleiner Sohn neben mir schrie vor Entsetzen. Er klammerte sich an meine *Chuba*. Ein Soldat versetzte ihm einen so heftigen Fußtritt, dass er mehrere Meter über den Boden rollte. Gewaltsam zerrten sie mich nach draußen. Meinen Sohn, der vor Verzweiflung weinte und vergeblich versuchte, zu mir zu gelangen, ließen sie zurück. Kaum hatten seine kleinen Beine ihn zu mir getragen, stießen die Soldaten ihn weg. Das letzte Bild, das ich von ihm habe und das mich seither verfolgt, ist das, wie er in seiner gelben *Chuba* mit ausgebreiteten Armen auf mich zu rennt und schluchzend nach mir ruft. Meine Tochter, die im Zelt war, begriff nicht, was vorging. Sie war noch zu klein und glaubte, wir würden spielen.

Der Schmerz übermannt Adhe; mit dem Ärmel ihrer Chuba wischt sie sich eine Träne von der Wange. Sie kann nicht weitersprechen. Von der Straße dringen Kinderstimmen herauf. Adhe lauscht ihnen, tritt auf die Terrasse. Über das Geländer gebeugt, beobachtet sie die Kinder. Sie sind gerade aus der Schule gekommen. Der Tumult wächst. Sie spielen mit Blechdosen, die sie als Schiffe benutzen, die Abwasserkanäle von MacLeod sind die Flüsse ihrer Heimat. Adhe ruft von ihrem Balkon aus zu ihnen hinunter; das Leben ist zurückgekehrt. Sie sprechen nicht immer die gleiche Sprache, die Neuen sprechen Tibetisch und Chinesisch, doch in diesem Alter gibt es keine Grenzen, die Kommunikation funktioniert.

Am nächsten Morgen gegen zehn Uhr, nach ihrer Cora*-Runde und ihren Gebeten, treffe ich Adhe wieder, und sie strahlt erneut.

Die Chinesen brachten mich ins Kloster Dritse auf einem geheimen Berg, das sie in ein Hochsicherheitsgefängnis verwandelt hatten. Da ich mich weigerte zu laufen, banden sie mir die Hände mit einem langen Seil zusammen und ließen mich die ganze Strecke von einem Pferd nachschleifen. Als wir ankamen, banden sie mir die Hände wieder auf den Rücken, weil ich noch immer Widerstand leistete. Mit einem Seil hängten sie mich an die Decke und drehten mich wie einen Propeller.

Es war schrecklich. Der Boden und das ganze Zimmer wirbelten um mich herum. Mein Kopf und mein Herz explodierten, ich verlor das Bewusstsein. Als ich wieder zu mir kam, lag ich zwischen den Soldaten auf dem Boden. Sie beschlossen, mich nach Kanze ins Gefängnis zu schicken. Ich dachte ununterbrochen an meine Kinder, die allein zurückgeblieben waren, und setzte mich erneut zur Wehr. Schließlich schnürten sie mich auf den Sattel eines Pferdes und brachten mich fort.

In Kanze nahmen mir die Wachen alle Dinge ab, mit denen ich mich hätte töten können. Dann brachten sie mich in eine Zelle zu drei anderen Frauen. Ich hoffte, ich würde eine von ihnen kennen und sie könnte mir von meinen Kindern berichten. Doch ich erkannte keine. Meine Nerven lagen blank. Ich legte mich auf den Boden und bedeckte mein Gesicht mit der *Chuba*, um zu schlafen. Da drang plötzlich durch die Mauern das Weinen eines Kindes an mein Ohr. Der Schmerz lähmte mich. Es war unerträglich, eine Qual. Das Bild meines schreienden kleinen Sohnes und meiner Tochter verfolgte mich. Ich fragte mich, wo sie waren, was nach unserem Aufbruch mit ihnen geschehen war. In meiner Verzweiflung fand ich keinen Schlaf. Ständig wurde ich gepeinigt von der Vision meines Sohnes, der schluchzend nach mir rief. Darüber verlor ich beinahe den Verstand, ich konnte nicht einmal mehr beten. In diesem Zustand verbrachte ich drei Tage ohne Schlaf. Dann kamen die Wachen, um mich zu holen: «Der Gefängnisdirektor will dich sehen.»

Kaum hatte ich sein Büro betreten, da sagte er, ohne mich anzusehen: «Niemand kümmert sich um deine Kinder. Wenn du redest, lassen wir dich gehen, wenn nicht, wirst du nie mehr nach Hause zurückkehren. Wir wissen, dass du die Anführerin der Frauengruppe bist, wir wollen die Namen aller Mitglieder.» Ich antwortete: «Ich gehöre keiner Gruppe an, ich gehe gegen euch vor, weil ich es nicht ertrage, wie ihr die Tibeter behandelt. Außerdem glaube ich, dass ihr meinen Mann vergiftet habt. Lasst meine Freundinnen in Ruhe, sie haben mit alledem nichts zu tun.» Der Direktor riet mir, noch einmal nachzudenken. Sieben Tage quälte sich mein Geist. Ständig dachte ich an meine Kinder. Ich sagte mir: Wenn du einen Namen verrätst, einen einzigen Namen, kannst du sie wieder sehen. Doch dann dachte ich an die anderen Frauen, die auch Kinder hatten. Wenn die Chinesen sie verhafteten, würde ihnen das gleiche Schicksal bevorstehen, wie ich es jetzt erlitt. Also beschloss ich, nicht zu reden, was auch immer geschehen würde. Nach dieser qualvollen Woche kamen sie wieder und fragten nach meiner Entscheidung. Die Antwort war einfach: «Ich habe euch alles gesagt, was ich weiß. Selbst wenn ich lügen wollte, könnte ich euch keine Namen nennen, mehr habe ich nicht zu sagen.» Sie legten mir Handschellen an und traten mir auf die Oberschenkel. Die Spuren habe ich noch heute, sehen Sie nur!

Ama Adhe rafft ihre Chuba. Ihre Schenkel tragen grauenhafte Narben.

Ich wurde vor Schmerz ohnmächtig, und sie warfen mich in meine Zelle. Ein paar Tage später führten sie mich in den Gefängnishof. Sie hängten mir ein großes Schild mit chinesischen Schriftzeichen um. Ich glaubte, der Augenblick meiner Hinrichtung sei gekommen. Hinter mir erklangen Schritte, ich drehte mich um. Zwischen anderen Gefangenen kam Pema Gyaltsen, mein Schwager, auf mich zu. Unsere Blicke versenkten sich ineinander. Pema lächelte, er wirkte völlig gelassen. Die Soldaten sagten: «Heute werden wir Pema Gyaltsen hinrichten, und du, Adhe, wirst zu sechzehn Jahren Gefängnis verurteilt.» Kaum hatten sie das letzte Wort ausgesprochen, da fielen zwei Schüsse. Die Kugeln trafen Pema Gyaltsen am Kopf. Zu meinen Füßen brach er tot zusammen. Sein Hirn und sein Blut spritzten auf meine *Chuba* und befleckten die ganze linke Seite. Ich war starr vor Entsetzen. Mit diesem Bild vor Augen wurde ich wieder in meine Zelle geführt.

Später wurde ich bei öffentlichen Verhandlungen, so genannten *Thamzing*, angeklagt. Bei der ersten entdeckte ich Bekannte unter den Zuschauern, unter anderem meine ehemalige Dienerin, die die Soldaten zu meinem Zelt geführt hatte. Die Chinesen verlangten, Verwandte oder Freunde sollten mich bestrafen, also schlagen und demütigen. Niemand rührte sich. Während der *Thamzing* durften wir nicht in die Menge schauen, unsere Stirn musste zum Zeichen der Buße die Erde berühren. Trotzdem konnte ich es mir nicht versagen, einen Blick auf die Anwesenden zu werfen, in der Hoffnung, meine Kinder zu sehen. Sofort stürzten sich die Soldaten auf mich. Sie schlugen mich, und um mich dafür zu bestrafen, dass ich den Kopf zu heben gewagt hatte, pressten sie ihre Finger tief in mein rechtes Auge. Wochenlang glaubte ich, ich hätte dieses Auge verloren, es schmerzte und tränte ununterbrochen. Fünf Monate blieb ich in diesem Gefängnis. Danach verlegten sie mich nach Dharsedo in die Nähe der chinesischen Grenze, ins Kloster Ngamchoe, an dem sich mehrere Straßen treffen. Eine dieser Straßen heißt *Yarlotago*. Vom Gefängnis aus konnte ich jeden Tag die Lastwagen auf dieser Straße beobachten. Sie waren voller Leichen. In der Nähe des Klosters waren lange Gräben ausgehoben worden, und dort hinein wurden die Leichen geworfen. An manchen Tagen war der Geruch einfach unerträglich.

Die bewegende Erinnerung an das Tagebuch der Anne Frank *drängt sich auf: Sie war ebenfalls ein unschuldiges Opfer in einem anderen Krieg, auf einem anderen Kontinent, in einer anderen Zeit. Die Uniformen unterscheiden sich, doch die grausamen Praktiken und die Tyrannei, die Menschen über andere*

Menschen ausüben, denen Freiheit und Würde geraubt wurden,
ähneln einander sehr.

In diesem Gefängnis waren wir dreihundert Frauen. Ich musste mit drei anderen Inhaftierten die Schweine versorgen. Das chinesische Personal ernährte sich von Schweinefleisch, wir bekamen keins. Wir arbeiteten vormittags und nachmittags jeweils vier Stunden. Abends nahmen wir an Pflichtkursen zur «Umerziehung» teil. Die Ausbilder bläuten uns ein: «Das kommunistische China ist allen anderen Staaten der Welt überlegen.» Eines Nachmittags musste ich ausnahmsweise die Außenwände eines Lastwagens reinigen, der eine Ladung Holz nach China bringen sollte. Wir durften nicht in den Laderaum schauen. Neugierig wie ich war, putzte ich ihn besonders gründlich. Tatsächlich gelang es mir, einen Blick hineinzuwerfen, und außer der Holzladung sah ich zahlreiche Statuen aus unseren Tempeln ...

Adhe schüttelt den Kopf, wie um sich von einem Alptraum zu befreien. Sie steht auf, geht aus dem Zimmer in die Küche, kommt zurück, bleibt vor dem kleinen Altar stehen, betrachtet Tara.

Der Gefängnisdirektor ließ die inhaftierten Frauen eine nach der anderen holen, angeblich damit sie sein Haus putzten und seine Wäsche wuschen. Tatsächlich missbrauchte er uns gewaltsam. Danach ließ er uns Pillen schlucken, damit wir nicht schwanger wurden ... Immer wieder bedrängten die Chinesen mich mit Fragen über meine Aktivitäten im Widerstand. Da ich hartnäckig schwieg, versuchten sie, mich zum Reden zu bringen, indem sie mir Schmerzen zufügten. Sie schoben ein Bambusplättchen unter diesen Fingernagel, hier, sehen Sie, bis es am anderen Ende wieder herauskam. Jeden Tag begannen sie von neuem mit der gleichen Tortur, am gleichen Fingernagel. Der Schmerz war unerträglich. Er stach sofort ins Herz. Um nicht zu schreien oder ohnmächtig zu werden, biss ich mir die Lippen blutig.

Adhe massiert ihren verunstalteten Fingernagel, wie um ihm neues Leben zu verleihen. Er ist nie mehr richtig verheilt ... Sie schweigt, der Schmerz zeichnet sich auf ihrem Gesicht ab, sie betrachtet ihre Hände, erlebt die Szene noch einmal.

In den sechziger Jahren verlegten sie mich mit hundert anderen Frauen, alle etwa zwanzig Jahre alt und gesund und kräftig, in die Bleiminen von Gothang Gyalpo an der Grenze zwischen Tibet und China. Zu Fuß waren wir fünf Tage unterwegs. Ich sehe noch vor mir, wie wir eine Brücke überquerten und ich mich über die Brüstung beugte, um in den Fluss zu schauen. Ich war entschlossen zu springen. Doch in diesem Augenblick griff eine Hand nach meiner *Chuba* und zog mich zwischen die anderen Frauen zurück. Es war eine meiner Mitgefangenen. Sie hatte meine Verzweiflung gespürt. Noch heute bin ich ihr dankbar für das, was sie getan hat.

In den Minen wimmelte es geradezu von tibetischen Gefangenen, es waren etwa zehn- bis fünfzehntausend. Sie mussten schwer arbeiten, und ihr körperlicher Zustand war katastrophal. Sie waren völlig ausgehungert und aßen alles, was sie finden konnten ... Bald bemerkte ich, dass ein Arbeiter nach dem anderen starb, die Toten wurden sofort durch Neuzugänge ersetzt. Die Arbeit war aufreibend. Es gab keine Möglichkeit, sich zu beschweren, die Aufseher, darunter auch Tibeter, waren unmenschlich und duldeten keine Schwäche. In diesem Lager habe ich sehr gelitten. Meine Erschöpfung war so groß, dass ich mich nicht mehr auf den Beinen halten konnte. Sogar die Suppenschale wurde mir zu schwer und glitt mir aus den Händen, dabei marterte der Hunger meinen Magen. Nur indem ich jedes grüne Kräutchen und alles, was kreuchte und fleuchte, auflas und aß, entging ich dem Verhungern. Ich war am Ende, ich hatte keine Kraft mehr, mich zu wehren. Lebend herausgekommen bin ich nur durch den Beistand eines inhaftierten Mönches. Er sprach mir immer wieder Mut zu und rezitierte religiöse Texte für mich.

Drei Jahre später waren nur noch dreißig von uns am Leben. Die Mine wurde geschlossen, weil Arbeiter fehlten. Von 1960 bis 1962 sind in diesem Lager mehr als zwölftausend Gefangene verhungert. Diese Zahl hat sich meinem Gedächtnis unauslöschlich eingeprägt[4] ... Von den einhundert Frauen in den Minen hatten nur vier überlebt. Danach verlegten sie

....
4 Dazu die Statistiken der tibetischen Exilregierung: «Zwischen 1950 und 1983 sind 173 221 Tibeter im Gefängnis oder im Arbeitslager umgekommen, 92 730 durch Folter, 156 758 wurden hingerichtet, 432 705 starben im Kampf für die Unabhängigkeit Tibets, 342 970 verhungerten und 9002 begingen Selbstmord, um den Misshandlungen zu entgehen. Das sind insgesamt 1 207 386 Menschen: ein Zehntel der Gesamtbevölkerung.

uns in ein Frauenlager nach Simacha, in der Nähe von Dartsedo. Als ich ankam, waren bereits fünfzig andere Frauen
dort. Sie kamen hauptsächlich aus Lhasa und Dartsedo.
Ich hoffte immer, eine Bekannte zu treffen, die mir von meinen Kindern berichten konnte. Dort blieb ich drei Jahre.
Meine Gesundheit besserte sich wieder, denn wir bauten
Gemüse an, und ich konnte immer etwas in einer Ge-
heimtasche meiner *Chuba* verstecken. In diesem Lager gab es
tibetische Aufseherinnen, die mit chinesischen Soldaten
verheiratet waren. Sie taten zwar streng, um selbst keine
Schwierigkeiten zu bekommen, sahen jedoch weg, wenn wir
Gemüse stahlen.

Dann kam ein anderes Lager in Minyag Kangakha. Die
Chinesen nannten es *Shingducha*. Sie wählten die zwanzig
widerstandsfähigsten Frauen aus, zu denen auch ich gehörte,
und brachten uns in ein chinesisches Krankenhaus. Sie führten uns in ein Zimmer, das nur mit Stühlen möbliert war.
Neben jedem Stuhl stand ein brennender Kohleofen. In re-
gelmäßigen Abständen gaben uns die Ärzte Zuckerwasser
mit Melasse zu trinken. Durch die Wärme und das Getränk
begannen wir bald heftig zu schwitzen. Wir waren hochrot.
Etwa eine Stunde später kamen sie, um nach uns zu sehen,
dann kehrten sie mit Nadeln und Glasbehältern zurück. Sie
nahmen uns große Mengen Blut ab. Diese Prozedur wiederholten sie mehrmals, obwohl unsere Gesundheit bereits angegriffen war. Als sie mit ihren Versuchen fertig waren,
schauten wir einander an. Wir waren leichenblass, die wenige
Energie, die uns noch geblieben war, war nun auch dahin.
Unsere Körper schwollen an, wir verloren das Bewusstsein.
Rinchen Dolma, Tsering Lhamo und Yundrung Pelmo star-

ben an den Folgen dieser zwangsweisen Blutentnahmen. Ich litt lange Zeit unter wiederholten Schwindel- und Ohnmachtsanfällen. Rekho, eine andere Frau, war so geschwächt, dass sie noch heute unter Schwindelanfällen leidet und nicht mehr arbeiten kann. Dort blieb ich zwei Jahre, dann wurde ich in das Hochsicherheitsgefängnis nach Chen Yu gebracht. Alle dort Inhaftierten waren zu über fünfundzwanzig Jahren verurteilt. Wir waren durchweg Sonderfälle; unsere Gemeinsamkeit: überdurchschnittliche Widerstandsfähigkeit gegen Indoktrinierung … *Bei dieser Erinnerung bricht Adhe in Lachen aus.*

Es war die Zeit der Kulturrevolution. Ein Jahr lang mussten wir an Umerziehungs-Intensivkursen teilnehmen. Um uns zu verhöhnen, setzten sich die Lehrer auf die *Tankas*, die sie in den Klöstern von den Wänden genommen hatten. Diese Respektlosigkeit verletzte meine Würde. Zur gleichen Zeit zwangen sie uns auch, unsere Haare nach der chinesischen Mode zu schneiden und «Mao»-Arbeitsuniformen zu tragen.

Traditionell tragen alle Tibeter, Männer wie Frauen, ihr Haar lang und zu Zöpfen geflochten. Um uns zu demütigen, nannten sie uns «die dreckigen Schwarzzöpfe der Sklaverei». Eines Tages riefen sie uns im Hof zusammen und erklärten, unser Land gehöre nun zu China, alles sei chinesisch und künftig sei es verboten, unsere *Mantras* und Gebete zu rezitieren und unsere Muttersprache zu sprechen. Tibet existiert nicht mehr, sagten sie. Sie händigten jedem von uns ein kleines rotes Buch aus. Das mussten wir auswendig lernen … Für die, die kein Chinesisch konnten, beschäftigten sie Dolmetscher. Trotz allem hatte ich in meinen zehn Jahren im

Gefängnis ein paar Worte dieser Sprache gelernt, ich konnte mich verständlich machen, doch ich konnte sie nicht lesen ... Wenn man uns dabei erwischte, wie wir uns auf Tibetisch unterhielten, wurden wir streng bestraft. Ich war am Boden, doch in meinem Herzen rezitierte ich weiter Gebete und *Mantras*, ohne die Lippen zu bewegen. Das war alles, was mir noch blieb. Es war mein größter Halt.

Ende 1969 schickten sie mich wieder ins Gefängnis von Shingducha. Glücklicherweise traf ich dort auf eine wohlwollende tibetische Aufseherin. Sie teilte mich dem Küchendienst zu. Bereitwillig kochte ich in riesigen Kesseln das Essen für die Gefangenen und brachte es ihnen auf die Felder, wo sie zur Arbeit eingesetzt waren. Unterwegs sah ich häufig mit Holz beladene Lastwagen auf dem Weg nach China, aus denen Sockel von großen Statuen hervorragten ... Und dann kam der unheilvolle Tag, an dem sie unsere heiligen Schriften stapelweise zum Gefängnis brachten. Vor unseren Augen rissen sie die Bücher in Stücke. Dann zwangen sie uns, das Papier in winzige Schnipsel zu zerkleinern, die mit Lehm vermengt wurden. Damit wurden Häuserwände verstärkt. Kein Inhaftierter konnte auch nur die kleinste Geste der Auflehnung wagen, er wäre brutal geschlagen worden, und man hätte seine Strafe sofort verdoppelt. Ich war tief gedemütigt. Es kostete mich alle Kraft weiterzuleben.

Im Jahr 1974 wurde ich zur Gefängnisleitung gerufen. Man teilte mir mit, meine sechzehn Jahre Haft seien zu Ende. «Aber», sagten sie, «weil du unsere Lehren so hartnäckig ablehnst, sind wir der Ansicht, dass wir dich nicht freilassen können, deine Umerziehung ist noch nicht abgeschlossen. Du bist zu dickköpfig. Du wirst also in die Liste der ‹Schwarzhüte› aufgenommen.» Das bedeutete, dass ich nicht mehr als Gefangene betrachtet wurde, sondern als politische Dissidentin. Der Unterschied war mir nicht ganz klar. Sie schickten mich mit einer Arbeiterbrigade nach Mafutra in eine Getreidemühle. Ich wurde nach wie vor wie eine Gefangene behandelt, nur bezog ich jetzt einen Monatslohn von 29 Yuan. Dort blieb ich ein Jahr. Dann brachten sie mich nach Watra in eine Ziegelei. Ich wusste, dass mit diesen Ziegeln anstelle unserer traditionellen Häuser, die eines nach dem anderen abgerissen wurden, chinesische Häuser gebaut werden sollten.

Adhe beginnt zu lachen und kann nicht weitererzählen. Dolma neben ihr, die für uns dolmetscht, lacht ebenfalls.

1975, ein Jahr vor Maos Tod, kam ein ganz besonderer Tag in der Ziegelei. Wir waren in der Nähe des Sees Sha Jara, am Fuß des Berges Minyag Rangakha, um Lehm abzugraben. Plötzlich erschien auf dem Wasser ein schwarzes Nomadenzelt. Die Chinesen starrten verblüfft auf dieses Phänomen, das uns ganz vertraut war. Dann verschwand das Zelt. Stattdessen schwamm nun ein riesiger grüner Lotos auf dem Wasser. Für uns war das ein gutes Omen, das uns bestätigte, dass der Dalai Lama eines Tages in sein Land zurückkehren würde. Die Chinesen eröffneten das Feuer auf den Lotus! Ihr Verhalten war einfach lächerlich. An diesem Tag arbeiteten wir singend und mit leichterem Herzen.

Einige Jahre später, 1979, kam die erste Delegation des Dalai Lama nach Tibet, um die Lebensbedingungen der Tibeter selbst in Augenschein zu nehmen.[5] Vor ihrer Ankunft gaben die Chinesen uns unsere traditionellen Gewänder und unsere Gebetsmühlen zurück. Die Fassaden der Klöster, die von der Straße aus zu sehen waren, wurden oberflächlich restauriert, um die Illusion zu vermitteln, sie seien niemals beschädigt worden. Wir erhielten den Befehl, auf die Straße hinauszugehen und zu singen und zu tanzen … Wir sollten glücklich wirken. An dem Tag, an dem die Delegation eintraf, wurden wir freigelassen. Wir durften gehen, wohin wir wollten. Ich verbrachte den Tag weinend – vor Glück und vor Kummer zugleich. Als ich am Abend wieder in Watra eingeschlossen wurde, erlitt ich einen Nervenzusammenbruch, der mich tagelang ans Bett fesselte. Im gleichen Jahr strichen sie mich von der Liste der «Schwarzhüte».

In diesem Lager gab es eine besondere Regelung: Bei guter Führung und entsprechender Arbeitsleistung durften wir alle drei Jahre einen Monat bei unseren Familien verbringen.

Als ich meine erste Besuchserlaubnis erhielt, reiste ich zu meinem Bruder Nygma nach Lobasha. Wir waren sehr gerührt, als wir uns wieder trafen. Ich hatte ihn einmal im Gefängnis gesehen, er war gekommen, um mir etwas zu essen zu bringen. Er gestand mir: «Als ich dich in deiner *Chuba* gesehen habe, habe ich dich kaum wieder erkannt, so abgemagert warst du, und so übergroß wirkten deine Augen. Deine Wangen waren eingefallen, du konntest dich kaum auf den Beinen halten. Du warst nur noch Haut und Knochen. Ich war so schockiert von diesem Anblick, dass ich kein Wort hervorbrachte. Daheim in Lobasha verfolgten mich deine Augen

....
5 Vgl. Jetsum Pema, *Zeit des Drachen*, München 1998.

einen ganzen Monat lang. Ich weinte ununterbrochen, ich konnte kaum essen. Ich glaubte, du würdest nie mehr zu uns zurückkehren.»

Ich war zwar glücklich, meine Familie und meine Freunde wieder zu sehen, doch etwas ließ mir keine Ruhe: der Tod meines Sohnes, von dem ich durch einen Gefangenen erfahren hatte. Ich wollte unbedingt wissen, wann und wie er gestorben war. Meine Familie sorgte sich um meinen Gesundheitszustand. Wenn ich Fragen stellte, wechselten sie jedes Mal das Thema und erzählten, was in all den Jahren im Dorf geschehen war ... Doch ich brachte das Gespräch immer wieder auf meinen Sohn und bestand darauf, die Wahrheit zu erfahren. Schließlich erbarmte sich mein Bruder und sagte mir: «Niemand weiß genau, wie es geschehen ist. Nachdem die Chinesen dich mitgenommen hatten, schrie er vor Verzweiflung. Vielleicht ist er von selbst in den Fluss gefallen. Vielleicht haben ihn die Chinesen, weil er so schrie, mit ihren schweren Stiefeln in den Fluss gestoßen ...»

Der Kummer übermannt Adhe; mit Tränen in den Augen klagt sie: «Niemals werde ich die Wahrheit über den Tod meines kleinen Sohnes erfahren, und das verfolgt mich.»

Meine Tochter Tashi Khando war zu einer jungen Frau herangewachsen, die demnächst heiraten würde. Als ich ins Lager zurück musste, war mein Bruder gerade dabei, ihre Hochzeit vorzubereiten. Sie lebt immer noch in Tibet. Wir können uns nicht schreiben. Wenn sie Briefe von mir erhalten würde, bekäme sie möglicherweise Schwierigkeiten und würde das Gleiche zu erleiden haben wie ich, also schreiben wir uns nicht. Manchmal kommen Leute aus unserer Gegend hier an, die mir von ihr erzählen.

Nach achtundzwanzig Jahren Haft kam ich endlich frei. Bevor sie mich gehen ließen, befahlen mir die Chinesen, nichts von dem zu verraten, was ich in ihren Lagern gesehen, gehört und erlebt hatte: «Du darfst nicht sagen, dass du gesehen hast, wie Menschen verhungerten oder hingerichtet wurden. Nur ein Wort, und du kommst wieder ins Gefängnis, und zwar lebenslänglich.»

Nach meiner Entlassung kehrte ich nach Lobasha zurück, doch ich hatte nur einen Gedanken im Kopf: Nach Indien zu gelangen, um den Dalai Lama zu sehen und ihm zu berichten, was in seinem Land vor sich geht. Zusammen mit meinem zweiten Ehemann, Rinchen Samdruk, den ich im Gefängnis kennen gelernt hatte, beschloss ich, nach Katmandu zu meinem Bruder Usho zu reisen, der dorthin geflohen war. Wir besaßen keine Papiere. Die chinesischen Behörden wollten Usho nach Tibet zurückholen. Darum erhielten wir ohne weiteres Pässe und eine Erlaubnis, ins Landesinnere zu reisen. Die Bedingung: Wir sollten Usho lebend mit zurückbringen ... Allerdings hatten wir kein Einreisevisum nach Nepal. Wir fuhren nach Lhasa, in der Hoffnung, es dort zu erhalten. Uns wurde eine horrende Summe abverlangt. Selbst mithilfe von Freunden war es uns unmöglich, so viel Geld aufzubringen. Also versuchten wir unser Glück und fuhren mit dem Bus bis zur Grenze, wo uns das Visum für ein paar Pfennige ausgestellt wurde.

Als wir bei Usho eintrafen, war seine Überraschung groß. «Ich wusste nicht, ob du überhaupt noch am Leben bist», sagte er, als er mich umarmte. Er war krank, denn auch ihn hatten all die schlimmen Jahre im Gefängnis sehr geschwächt. Wir blieben bei ihm, um ihn zu pflegen. Als er genesen war, machten wir uns wieder auf den Weg. Wir hatten gehört, dass der Dalai Lama in Benares lebte. Doch bei unserer Ankunft in der heiligen Stadt erwartete uns eine Enttäuschung. Er war bereits nach Dharamsala aufgebrochen. Aufzugeben kam für uns nicht infrage. Also beschlossen wir weiterzureisen. Wir wussten nicht, wo Dharamsala liegt. Tibeter setzten uns in einen Bus und kauften uns Reiseproviant, was nicht einfach war. Wir hatten keinerlei geographische Vorstellung von Indien, außerdem sprachen wir kein Hindi. An jedem Umsteigebahnhof der Buslinien war «Dalai Lama» unser Kennwort. Immer fanden sich freundliche Menschen, die uns zur nächsten Haltestelle begleiteten, und schließlich erreichten wir im Oktober 1988 Dharamsala, wo wir im Auffanglager der tibetischen Exilregierung untergebracht wurden. Schon am nächsten Morgen beantragte ich eine Privataudienz. Die ersten Tage verbrachten wir damit, unsere Umgebung kennen zu lernen, alte Freunde aufzuspüren und neue Bekanntschaften zu schließen. Wir tauschten unsere Geschichten aus, und eine war schrecklicher als die andere.

Eines Morgens wurde die Audienz schließlich gewährt. Mein Traum wurde Wirklichkeit. Ich war tief bewegt. Ich fand mich im Büro des Dalai Lama ein. Alle waren sehr nett zu mir. Als ich vor dem Dalai Lama stand, fühlte ich mich ganz klein. Das Bedürfnis zu weinen überwältigte mich. Aber ich sagte mir: «Adhe, das ist nicht der richtige Augenblick, um Tränen zu vergießen und dich gehen zu lassen.» Ich unterdrückte meine Gefühle und begann zu sprechen. Ich berichtete so genau wie möglich, was ich in all diesen Jahren gesehen und erlebt hatte. Der Dalai Lama hörte mir aufmerksam zu, wobei Er Seine *Mala** durch die Finger gleiten ließ. Dann begann Er, für all jene zu beten, die gestorben waren. Mit allem Mitgefühl, das Er verkörpert, sagte Er mir: «Vergiss die Vergangenheit, Adhe. Wir müssen jetzt vorangehen und in die Zukunft blicken.» Der Mensch, der die Triebkraft meines Widerstandes gewesen war, hatte soeben binnen einer Sekunde allen Schmerz von mir genommen.

Nach der Audienz kehrte ich zu meinem Bruder nach Nepal zurück. Bei meiner Ankunft erwartete mich bereits ein Brief. Es war eine Einladung des Dalai Lama, in der Er bat, ich solle mich Seiner Delegation anschließen, um an einer Friedenskonferenz in Deutschland teilzunehmen. Vor internationalem Publikum berichtete ich, was ich in den Gefängnissen und Straflagern meines Landes erlebt und gesehen hatte. Ich betonte, dass das Leben der Tibeter noch immer in den Händen der Chinesen liegt … dass den Tibetern die Freiheit geraubt wurde, dass sie wehrlos sind und in beständiger Angst leben. Die Wahrheit muss bekannt gemacht werden.

> Gib niemals auf
> Ganz gleich, was geschieht
> Gib niemals auf
> Entwickle dein Herz
> In deinem Land wird zu viel Energie
> darauf verwandt, das Geistige zu entwickeln
> statt das Herz
> Sei Mitgefühl

Nicht nur für deine Freunde
Sei Mitgefühl
In deinem Herzen und in der Welt
Arbeite für den Frieden
Gib niemals auf
Ganz gleich was kommt
Ganz gleich was geschieht
Gib niemals auf

DER DALAI LAMA

Memoiren

«Erinnere dich»
Hab niemals Angst
Zögere nie
«Erinnere dich»
Ich bin es, der handelt, nicht du
Oder irgendein anderer.
Wie dunkel auch
Die Wolken kommen mögen
Wie groß auch
Die Gefahren sein mögen
Das Leid
Und die Schwierigkeiten
Wie groß auch
Die Ausweglosigkeit erscheinen mag
Nichts ist unmöglich
Nichts ist schwierig
Ich bin es, der handelt.

SRI AUROBINDO

Bei einem Besuch im Tibetischen Kinderdorf erzählte mir die Leiterin Jetsum Pema: «Als mein Bruder im Exil ankam, lebte er zuerst ein Jahr in Mussoorie, wo Happy Valley als erste Schule für unsere kleinen Flüchtlinge eingerichtet wurde. Vielleicht sollten Sie nach Dehra Dun fahren und Frau Rinchen Dolma Taring treffen, die Ehrenvorsitzende dieser Schule, sie hat dort lange mit ihrem Mann gearbeitet. Sie war eine enge Freundin meiner Mutter und meiner ältesten Schwester. Ihre Geschichte ist ein lebendiges Zeugnis Tibets zu Beginn des Jahrhunderts, und sie bedeutet uns allen sehr viel.»

Einige Tage später verließ ich also Dharamsala und meine Freundinnen: eine Nacht lang Busfahrt nach Dehra Dun im nordindischen Bundesstaat Uttar Pradesh, dann nach Rajpur, das an der Straße nach Mussoorie in den Ausläufern des Himalaya liegt. Rajpur ist kein Flüchtlingslager, sondern ein kleines Dorf, in dem die Tibeter in gutem Einvernehmen mit den Indern leben. Dort haben sie die leer stehenden Häuser der ins Exil nach Pakistan geflohenen Moslems bezogen.

In Rajpur war die Sache einfach, jeder kannte die «Große Dame», deren Tür für Hilfesuchende stets offen steht. Ihr Haus ist eine regelrechte Flüchtlingsstation. Rinchen Dolma Tarings Mann Jigme lebt nicht mehr. Gemeinsam mit ihm hat sie die Wirren in ihrem Land durchlitten. Im März 1959, mitten in den Unruhen, trennten sie sich in Lhasa in der Hoffnung, sich in Indien wieder zu sehen. Sie ließ alles hinter sich zurück, um zu ihrem Mann zu gelangen. Im Garten steht neben einer Zeder ein kleiner *Stupa**, der ihm gewidmet ist, davor ein weißer Korbsessel, in dem sie oft lange Zeit sitzt und schweigt. Mithilfe ihrer Enkelin Tsering Choden pflegt sie die Blumen, die er liebte.

Als ich bei Rinchen Dolma Taring ankomme, werde ich von einem zurückhaltenden Paar empfangen und ins Wohnzimmer geführt. Die schlichte und elegante Atmosphäre lässt spüren, dass hier eine Adlige wohnt. Auf einem kleinen runden Tisch entdecke ich Fotos des Prinzen von Sikkim, der Königinmutter von England, der Königin Irene von Griechenland und der Mutter des Dalai Lama ... An den Wänden hängen ausnehmend schöne *Tankas*. Die niedrigen Sessel bestechen durch ihre nüchternen Linien, das Sofa ist mit wertvollen Teppichen bedeckt.

Als Frau Taring den Raum betritt, liegt auf ihrem Gesicht noch der Abglanz der gerade beendeten Meditation. Ihre lebhaften Gesten, ihre jugendliche Stimme lassen ihre achtundachtzig Jahre nicht erahnen. Unwillkürlich wandert mein Blick zum weißen Potala-Palast hinter ihr, der vor einem blauen Himmel leuchtet. Sie bemerkt: «Das ist ein Gemälde von Jigme, meinem Mann.» Ohne Übergang fährt sie fort: «Ich danke Ihnen, dass Sie gekommen sind, um meine Geschichte und die meines Landes zu hören.» Ich bin verlegen.

Ich wurde 1910 in Lhasa geboren. Ich gehöre der Familie Tsarong an. Einer meiner Vorfahren väterlicherseits war der Nachkomme eines der ersten tibetischen Ärzte, Yuthok Yonten Gonpo des Älteren, der zur Zeit des Königs Tristong Detsen (755–797 n. Chr.) lebte. Er hat medizinische Texte verfasst, die noch heute gültig sind.

Auf dem Landsitz der Tsarong in der Nähe von Sakya in Westtibet, zwölf Tagesritte von Lhasa entfernt, stand ein Heiltempel auf einem Hügel, das Symbol unserer Familie, der ein großes Porträt unseres berühmten Urahns enthielt. Wir verwahrten Gegenstände aus seinem Besitz und Geschenke, die er erhalten hatte. Heute ist das Landgut zerstört, die Schätze sind verschwunden ...

Unsere Familie lebte schon seit Jahrhunderten in Lhasa und stand stets im Dienst der Regierung. Im Jahre 1642 erhielt der Dalai Lama zusätzlich zu seiner Funktion als religiöses Oberhaupt auch die weltliche Herrschaft über unser Land. Seither waren die Dalai Lamas auch die Führer der tibetischen Regierung. Jeder Dalai Lama verfügte über einen Verwaltungsapparat mit zwei Abteilungen, die ihn bei der Regierung des Landes unterstützten. Die eine Abteilung bestand aus einhundertfünfundsiebzig Mönchen, die andere aus einhundertfünfundsiebzig adligen Laien. Der *Kashag*, die Ratsversammlung, war das wichtigste Regierungsorgan. Er bestand aus vier Mitgliedern, drei gehörten dem Laienadel an, das vierte war ein hochrangiger Mönch. Die Ratsmitglieder wurden *Shap-pe** genannt, das bedeutet «Lotos-Fuß». Sie teilten alle Verantwortlichkeiten.

Der *Tsongdu*, die Nationalversammlung, setzte sich aus etwa fünfzig Mitgliedern zusammen und wurde bei Bedarf vom *Kashag* einberufen, um über wichtige Angelegenheiten zu debattieren. Die drei großen Klöster von Lhasa, Ganden, Sera und Drepung, übten großen Einfluss auf die Versammlung aus, denn sie repräsentierten etwa zwanzigtausend Mönche. Die *Shap-pes* durften bei den Zusammenkünften der Nationalversammlung nicht anwesend sein. Aber sie erhielten ausführliche Berichte, die sie an den Dalai Lama weitergaben. Wenn es um besonders wichtige Dinge ging, nahmen an der Nationalversammlung Abgeordnete aller sozialen Schichten teil – Adlige, Händler, Mönche, Bauern, Handwerker, Bootsführer, Nomaden und Schmiede. Der *Tsongdu* hatte auch die Aufgabe, nach dem Tod eines Dalai Lama den neuen Regenten zu wählen. Gegenüber allen Versuchen Chinas, die Herrschaft auf Tibet auszudehnen, verhielt sich der *Tsongdu* sehr ablehnend.

Wir waren keine ausgesprochen reiche Familie, doch dank unseres Ahnen Yonten Gonpo verfügte der Name unserer Familie über großes Ansehen. Mein Großvater war eine herausragende Persönlichkeit des tibetischen Adels. Im Jahre 1886 wurde er nach Sikkim gesandt, um dort die Landesgrenzen festzulegen, denn damals versuchten die Engländer, auf unser Territorium vorzudringen.

Mein Vater, Wangchuk Gyaltso Tsarong, war von 1903 bis 1912 *Shap-pe* im Kabinett des 13. Dalei Lama. Er wurde aus politischen Gründen ermordet, als ich noch ein kleines Mädchen war.

Meine Mutter, Yagchen Dolma, stammte aus der Yuthok-Familie. Die Yuthok gehen zurück auf den zehnten Dalai Lama Tsultrim Gyaltso (1816–1837). Nach seiner Erkennung wird ein Dalai Lama nach Lhasa gebracht, und seiner Familie wird der Adelstitel verliehen. Die Familie des zehnten Dalai Lama ließ sich bei ihrer Ankunft in Lhasa in der Nähe einer Brücke nieder, die zum Potala führte und ein Dach aus Türkisziegeln trug. Der Familienname leitet sich von dieser Brücke ab (*Yu* = Türkis, *Thok* = Dach).

Bilder ziehen vor Rinchen Dolmas Augen vorbei. Ein weites Land, auf dem der Segen der Götter ruht. Mit einem tiefen Seufzer fährt sie fort: «Während der Kulturrevolution (1966–1972) sind in Tibet sechstausend Tempel und Klöster zerstört und geplündert worden, doch unseren Herzen konnten die Chinesen nichts anhaben.»

Unser Land ist sehr weitläufig, wir lebten nicht alle in Städten. Ein Großteil der Bevölkerung waren Bauern oder Nomaden. Sämtliche Ländereien gehörten der Regierung. Sie waren meist an Adlige verpachtet, die ihre Steuern in Naturalien entrichteten. Die Regierungsbeamten erhielten kein Gehalt, denn sie bezogen ihr Einkommen von den Landgütern. Wenn die Güter den Lebensunterhalt der Familie nicht deckten, betrieben viele Adlige Handel. So war es auch bei uns. Traditionell schlug in jeder wohlhabenden Familie ein Sohn die Laufbahn des Geistlichen ein. Solange es außerdem in jeder Generation einen Laien gab, der für die Regierung arbeitete, blieb die Nutznießung der Landgüter oft jahrhundertelang erhalten. Auch die Güter der Tsarong waren seit Generationen in unserer Familie.

Keiner von uns lebte auf dem Gut. Es wurde von einem Pächter geführt. Einmal jährlich wurden vor Ort die Ernten und die Bücher kontrolliert. Nach der Ernte reiste der Pächter nach Lhasa, um dort die Überschüsse zu lagern, die im Falle einer Hungersnot verteilt würden.

Vor über tausend Jahren errichteten die Gott-Könige Tibets ein regelrechtes Feudalsystem. Sie formulierten einen Gesetzestext mit dreizehn Paragraphen, in dem verlangt wurde, dass sich Adlige ihren Gefolgsleuten gegenüber wie Eltern verhalten sollten. Wir achteten dieses Gesetz. Statt Pacht zu entrichten, bestellten die Gefolgsleute die Felder an festgelegten Tagen für ihren Herrn, an den restlichen Tagen für sich selbst. Das Wasser in den Bewässerungskanälen wurde nach einem gerechten Schlüssel verteilt. Wenn einer unserer Gefolgsleute aus Lhasa auf dem Landgut bei der Feldarbeit half, wurde er dafür bezahlt. Wenn ein Kind unseres Gesindes ins Kloster eintreten wollte, schrieben wir einen Empfehlungsbrief. Wenn es hervorragende Prüfungen ablegte, konnte es Beamter in der Regierung werden und dort sogar die höchsten Posten erhalten.

Mit warmer Stimme fährt sie fort: Nach meiner zweiten Heirat lebte ich ein Jahr lang auf dem Gut meiner Schwiegereltern. Ich brachte mit den Arbeitern die Ernte ein, dieses einfache und fröhliche Leben gefiel mir sehr.

In Lhasa gab es viele Menschen, die zu keiner streng abgegrenzten Gruppe gehörten. Die so genannten «Indischen Khampas» z. B. bildeten damals eine Gemeinschaft von etwa eintausend Moslems, die aus Kaschmir und zum Teil auch aus Nepal stammten. Sie betrieben Handel zwischen Indien und Tibet. Ihre tibetischen Frauen traten zum Islam über und entrichteten der Regierung jährlich eine geringe Steuer. Die Männer hingegen nahmen niemals unsere Religion an. Der tibetische Buddhismus ist sehr tolerant, er achtet alle Religionen und will niemanden bekehren. Die *Ragyapa*, eine spezielle Gruppe von Bettlern, waren sehr mächtig. Ihnen oblag die Aufgabe, die Flaggen an den vier großen Fahnenstangen der Stadt zu hissen. Sie waren auch für die «himmlischen Bestattungen» zuständig.

Unsere Bestattungsriten unterscheiden sich sehr von den westlichen. Wir glauben an die Reinkarnation und bereiten uns auf den Übergang vom Leben zum Tod vor, den wir *Powa* nennen und als Bewusstseinstransfer betrachten. Im Augenblick des Übergangs, wenn der noch bewusste Geist seine Körperhülle verlässt, murmelt ein Lama dem Verstorbenen die Anweisungen ins Ohr. Dann wird die sterbliche Hülle gewaschen, in ein Leintuch eingeschlagen und einem

der vier Elemente des Universums übergeben. In Tibet überwiegt das Element Luft, im Westen dagegen das Element
Erde ... Nach den siebentägigen Riten wird der Körper von
den männlichen Angehörigen des Toten aus der Stadt hin-
ausgetragen und auf flache Felsen gelegt. Die Bestattung
selbst wird von den *Ragyapa* vollzogen. Sie zerteilen den
Leichnam mit heiligen Gesten – dabei trinken sie reichlich
Chang –, zerbrechen seine Knochen und mahlen sie zu
Staub. Diese Prozedur wird aufmerksam von Geiern beobachtet. Die Vögel warten nur auf das Zeichen eines der
Ragyapa, um sich auf ihre Mahlzeit zu stürzen und die Stätte
zu reinigen. Somit wird der Körper dem Wind übergeben,
und der Geist wandert im *Bardo** einer neuen Bestimmung
entgegen. Seit der chinesischen Invasion sind diese Praktiken
nicht mehr so stark verbreitet.

Handwerker waren sehr geachtet und häufig sogar wohl-
habender als Regierungsbeamte. Die Nomaden bildeten den
größten Bevölkerungsanteil. Die Viehherden waren im Besitz von Klöstern, Landgütern oder der staatlichen Schatzkammer. Die Nomaden führten das Vieh auf die Hochwei-
den und lebten dort in riesigen Zelten frei und ungebunden
im Einklang mit der Natur. Sie entrichteten ihre Steuern in
Naturalien: Butter, Wolle und Käse.

*Das Tageslicht verblasst. Tenzin Chodon bringt ihrer Groß-
mutter die* Mala *und ein Umschlagtuch. Es ist Zeit für ihre
Meditation. Mit konzentriertem Blick versenkt sich Rinchen
Dolma in eine Darstellung ihrer Schutzherrin* Dolma.

Am nächsten Morgen, noch bevor die Betriebsamkeit im Haus beginnt, berichtet Frau Taring weiter: Mein Vater, den ich kaum gekannt habe, war ein hoch gewachsener und gut aussehender Mann. Er liebte Musik und organisierte abends Hauskonzerte bei uns. Diese Abende waren für ihre Fröhlichkeit berühmt. Mein Vater und meine Brüder stimmten ihre Instrumente, mit denen sie die Tänzer begleiteten – *Damyen* (Banjo), *Piwang* (Geige) und *Linghu* (Flöte) –, und dann begann die Veranstaltung. An den Wänden des großen Wohnzimmers zeugten *Tankas*, die mein Bruder gemalt hatte, von seiner großen Achtung vor Buddha.

Unser Haus war ein sehr schönes dreistöckiges Steingebäude direkt am Marktplatz, dem *Barkhor*, im ältesten Stadtteil Lhasas. Heute haben die Chinesen auf den Dächern der Häuser Kameras angebracht, um jede Massenbewegung der Tibeter zu überwachen. Sie haben begonnen, unsere alten Häuser zu zerstören. Damit vernichten sie unser architektonisches Erbe. Ich habe erfahren, dass das Haus meines Vaters im Jahre 1959 von den Chinesen beschlagnahmt und später zum Gefängnis umgebaut wurde. Neben meinen Eltern, meinen drei Brüdern und acht Schwestern hatten auch all meine Onkel und Tanten eigene Wohnungen in einem Flügel des Hauses.

Die Zimmer meiner Mutter lagen im ersten Stock: Wohnzimmer, Schlafzimmer, Ankleideraum, Badezimmer, ein Vorraum, in dem sich die Dienerinnen aufhielten, ein Meditationsraum und die Kammer der Gottheiten. Vom Ankleideraum führte eine Geheimtreppe zur Schatzkammer. Bei meiner Vermählung mit Jigme Taring zu dem Zeitpunkt, den der Astrologe als günstig erkannt hatte, ging ich in die

Kammer der Gottheiten, um mich zu verabschieden, während vier Mönche Gebete rezitierten. Danach wurde ich in den Gebetsraum geführt, wo man mir eigens für diesen Anlass zubereiteten Tee und Reis servierte. Hier sangen die Dienerinnen das Hochzeitslied. Bevor ich das Haus verließ, stieg ich in die Schatzkammer hinunter, um in einer flachen, mit Weizen gefüllten Kiste einen Abdruck meines linken Fußes zu hinterlassen, damit ich das Familienglück nicht mit mir nahm.

Im Zentrum des Gebäudes lag der private Meditationsraum meines Vaters, in dem er jeden Morgen vor Sonnenaufgang betete, bevor er seine erste Tasse Tee trank und Besucher empfing. Gegenüber dem Fenster thronte Lord Buddha über dem Gebetsaltar, auf dem den ganzen Tag lang Weihrauch brannte. Bevor mein Vater zum Potala ging, begrüßte er meine Mutter in ihrem Wohnzimmer. Er setzte sich in einen Sessel an den großen Lacktisch und trank eine zweite Tasse Tee. Mama half ihm stets eigenhändig, seine offizielle Tracht aus gelbem Brokat anzulegen. Mein Vater war nicht nur ein Künstler, er war auch *Dapon*, also General in der Armee.

Vor das Bild Rinchen Dolma Tarings in ihrer grauen Chuba, *eine rosa Strickjacke aus wärmender Wolle über den Schultern, schiebt sich in meinem Geist das Bild derselben Frau vor sechzig Jahren, nach der neuesten Mode von Lhasa gekleidet und frisiert, mit Kopfschmuck aus Türkis, der in ihrem Haar befestigt war und die Ohren bedeckte. Um den Hals trug sie Perlen und Korallen, die auf der Brokatbluse leuchteten. Wenn sie Freunde empfing, ging sie von der Küche ins Wohnzimmer und bot ihnen frisch gemahlene Tsampa an, während sie die Vorbereitungen zum Festmahl überwachte ... Wie viel haben diese sanften, gütigen Augen gesehen, wie viele Schicksalsschläge haben diesen regen Körper gezeichnet ...*

Im Jahre 1903 hielt sich ein burjatischer Mönch in Lhasa auf. Der russische Zar als großer Bewunderer des Buddhismus hatte diesen Mönch beauftragt, den Dalai Lama nach Sankt Petersburg einzuladen. Der Vizekönig von Indien, Lord Curzon, fürchtete, Tibet würde einen Geheimvertrag mit Russland abschließen und daraus könnten Probleme an der Nordgrenze Indiens entstehen. Darum beschloss er, freundschaftliche Beziehungen zu unserem Land aufzunehmen und einen Repräsentanten seiner Regierung nach Lhasa zu entsenden. Vater wurde wie einst mein Großvater in einer offiziellen Mission an die Grenze nach Sikkim geschickt, nach Khampa Dzong, wo er mit der englischen Handelsmission des Colonel Francis Younghusband verhandeln sollte, der von Lord Curzon entsandt war. Die drei mächtigen Klöster Lhasas sahen diesen Kontakt nicht gerne, denn sie hielten die Engländer für Feinde des Buddhismus. Sie überredeten also den 13. Dalai Lama, seine Abgesandten zu instruieren, eine Verzögerungstaktik anzuwenden. Die britische Delegation wurde sechs Monate lang hingehalten. In dieser Zeit befand sich mein Vater oft auf dem Landgut der Tsarong, das vier Reitstunden von Khampa Dzong entfernt lag. Dort erreichte ihn die Nachricht, dass er zum *Shap-pe* ernannt worden war. Das war eine große Ehre, und er kehrte nach Lhasa zurück, um seine Ernennung öffentlich zu feiern.

Die Engländer waren das Warten schließlich leid und

wollten die Verhandlungen mit dem Dalai Lama rasch zu Ende bringen. Im Jahre 1904 wurde die Handelsmission von Francis Younghusband in eine Militärexpedition umgewandelt. Sie erzwang sich einen Weg nach Lhasa und tötete Hunderte schlecht bewaffneter tibetischer Soldaten, die die Engländer aufzuhalten versuchten, weil sie für das Leben unseres Herrschers fürchteten. Bevor die Engländer Lhasa erreichten, floh der 13. Dalai Lama in die Mongolei. Von dort reiste er zum letzten Mandschu-Kaiser nach China.

Im gleichen Jahr unterzeichnete mein Vater im Potala-Palast mit drei anderen *Shap-pes* ein Abkommen mit England, das ihm später Schwierigkeiten einbringen sollte. Es war das erste Mal, dass Tibet ein Zweiparteienabkommen mit einer anderen ausländischen Macht als China abschloss. Es wurde vereinbart, dass die Briten Handelsmärkte in Gyantse, Gartok und Yatung einrichten würden. Tibet wurde untersagt, Beziehungen zu anderen ausländischen Mächten zu unterhalten. Außerdem verlangten die Briten wegen der sechsmonatigen Verzögerung eine halbe Million Pfund Sterling als Entschädigung. Der britische Indien-Minister hielt diese Forderung jedoch für überhöht, und sie wurde auf 166 000 Pfund Sterling reduziert. Das beweist doch, dass England Tibet wie ein unabhängiges Land behandelte, über das China keinerlei Kontrolle besaß.

Im Jahre 1907 reiste mein Vater nach Indien, um die erste Rate abzuliefern. Er war ein wissensdurstiger Mensch, sein Geist war offen für den technischen Fortschritt der Moderne, und so lernte er, wie man eine Kamera und eine Nähmaschine bedient, und nahm einige Exemplare davon mit zurück nach Lhasa. Solche Dinge hatte es in Tibet noch nie gegeben. Heute sind die Aufnahmen, die er gemacht hat, ein wertvolles Archiv. Sehen Sie, hier, das bin ich als Baby auf dem Schoß meiner Mutter. Außerdem brachte er einen muslimischen Büchsenmacher und einen Lohgerber mit nach Tibet. Sie eröffneten in Lhasa eine Gewehrfabrik, eine Gerberei und eine Schuhfabrik. Der tibetischen Regierung war nicht bekannt, dass England und China im Jahre 1906 ein Abkommen unterzeichnet hatten, das den Vertrag von Lhasa aus dem Jahre 1904 ratifizierte, und mein Vater wurde deshalb von unserer Regierung im Jahre 1908 erneut nach Indien entsandt, um über eine Ergänzung zu diesem Abkommen zu verhandeln, die am 20. April 1908 unterzeichnet wurde.

Feinde meines Vaters behaupteten, er habe die so genannte Tibetische Handelsordnung von 1908 unterzeichnet, ohne den 13. Dalai Lama zu konsultieren, der sich in China im Exil befand. Doch der Dalai Lama wusste, dass mein Vater ein loyaler Tibeter war, und als der Dalai Lama nach sechs Jahren Exil heimkehrte, verkündete Er selbst zur großen Erleichterung meines Vaters die Unabhängigkeit Tibets.

Zu jener Zeit drangen chinesische Soldaten bereits in die Region Kham ein und verbreiteten dort Angst und Schrecken. Sie zerstörten Klöster, töteten Mönche und Laien und rückten in Richtung Lhasa vor, ohne bei den Tibetern auf Widerstand zu stoßen. Diese fürchteten, dass Unruhen das Leben ihres Herrschers gefährden könnten. So musste der 13. Dalai Lama, der gerade aus dem Exil heimgekehrt war, im Februar 1910 aus Sicherheitsgründen nach Indien fliehen, nach Kalimpong. Bevor Er den Potala-Palast verließ, ernannte Er meinen Vater zum Laienberater des Regenten.

In Lhasa herrschte großer Aufruhr. Die Chinesen plünderten, verhafteten Regierungsmitglieder und Beamte und ersetzten sie durch ihre eigenen Leute. Überall in den Straßen gab es Scharmützel und Schusswechsel. Mein Vater war um unsere Sicherheit besorgt und bat meine Mutter, mit meinen Schwestern, der Frau meines Bruders und mir, die ich noch ein Baby war, im Kloster Drepung Schutz zu suchen. Dort blieben wir zwei Jahre, solange die Chinesen Lhasa besetzt hielten und bis der Dalai Lama zurückkehrte.

In dieser Zeit übten mein Vater und mein ältester Bruder Samdup Tsering, Sekretär des *Kashag*, ihre Ämter im Potala weiter aus. Mein Vater arbeitete viel, und als der Dalai Lama ihn zu sich nach Indien bestellte, um sich über den Stand der Dinge berichten zu lassen, bat ihn der Regent, seine Position nicht aufzugeben. Er sagte: «Ihre Anwesenheit hier ist unverzichtbar. Ihr diplomatisches Geschick hat nicht nur ein Blutbad verhindert, sondern auch die Zerstörung der Tempel, Klöster und des Potala-Palastes. Ich bitte Sie inständig, bleiben Sie in Lhasa.» Doch mein Vater hatte auch Gegner, die seine Kompromissbereitschaft missbilligten und ihn für pro-chinesisch hielten.

Glücklicherweise veränderte sich die Situation durch ein unerwartetes Ereignis im Jahre 1911: die Revolution von Sun Yat-sen. Der Mandschu-Kaiser wurde gestürzt, die chinesischen Truppen in Lhasa wurden entscheidend geschwächt. Im Glauben, die Revolution aufzuhalten, griffen die Chinesen das Kloster Sera an. Da sie keine Verstärkung erhielten, mussten sie die Kämpfe jedoch einstellen. Der Dalai Lama nutzte die Situation, um seinen engsten Mitarbeiter, Chensal Namgang, den Oberbefehlshaber der tibetischen Truppen, aus Kalimpong nach Lhasa zu schicken. Chensal Namgang übernahm die Leitung des Kriegsministeriums, das der Dalai Lama vor kurzem eingerichtet hatte, und vertrieb die Chinesen, die über Indien in ihre Heimat zurückkehrten. Eines Abends kamen Freunde meines Vaters zu uns nach Hause, um ihm zu hinterbringen, dass Mitglieder des Kriegsministeriums unter der Führung von Chensal Namgang gegen den *Kashag* konspirierten. Sie rieten ihm, zum Dalai Lama nach Indien zu fliehen. Mein Vater weigerte sich und sagte:

«Sollte mein Kopf jemals fallen, wird weißes Blut fließen.»

Einige Monate später wurde in einer geheimen Zusammenkunft des *Tsongdu*, der Nationalversammlung, beschlossen, alle als prochinesisch geltenden Beamten zu verhaften, darunter auch die vier *Shap-pes*. Drei von ihnen waren von den Chinesen berufen worden. Mein Vater war der einzige, der vom Dalai Lama selbst ernannt worden war, und er hatte sich den Chinesen immer widersetzt.

Wenige Tage später drangen Verschwörer in das Amtszimmer meines Vaters im Potala ein und richteten ihn übel zu. Sie zerrten ihn an den Haaren aus seinem Zimmer und eine lange, steile Steintreppe hinunter, dann töteten sie ihn. Seine Leiche wurde der Familie niemals übergeben.

Am gleichen Tag kam ein Beamter zu uns nach Hause. Er befahl meinem Bruder Samdup Tsering, ihm ins Regierungsbüro zu folgen. Sie ritten zum Potala. Als sie die mit Türkisziegeln gedeckte Yuthok-Brücke erreichten, erschien plötzlich eine Gruppe mit Dolchen bewaffneter Männer. Sie rissen meinen Bruder vom Pferd und töteten ihn.

Erneut tritt eine Pause ein. Schweigend erlebt Rinchen Dolma die Zeit noch einmal, in der sich ihre Mutter mit ihr auf den Weg machte, um die Heilige Ani Lochen zu sehen. Ani Lochen war als Kind auf einer Ziege durch die Straßen von Lhasa geritten und hatte dabei mit melodischer Stimme religiöse Balladen gesungen. Als junges Mädchen hatte sie in einer Höhle in den heiligen Bergen um Lhasa gelebt. Rinchen Dolma besuchte sie gelegentlich. Eines Tages erzählte sie ihr von ihrem Wunsch, Nonne zu werden; Ani Lochen antwortete: «Dir wird es niemals möglich sein, dich in die Berge zurückzuziehen und dein Leben mit Beten zu verbringen. Das ist nicht dein Weg. Wenn du es zu erkennen vermagst, ist jeder Ort auf Erden ein Paradies. Die wahre religiöse Praxis besteht darin, deinen Geist zu beobachten, deine Sinne zu kontrollieren und die Lehren Buddhas in deinem täglichen Leben anzuwenden. Du brauchst dich nicht aus der Welt zurückzuziehen, um allen Wesen Mitgefühl entgegenzubringen.»

Als mein Vater starb, war ich erst zwei Jahre alt. Was damals geschah, weiß ich von meiner älteren Schwester Pema Dolkar. Sie erzählte mir auch, dass sich nach dem Tod meines Vaters und meines ältesten Bruders die Gesundheit meiner Mutter stark verschlechterte. Sie zog sich tagelang in ihr Zimmer zurück, wo sie heilige Schriften las oder meditierte. Manchmal besuchte sie Klöster. Ich hing sehr an meiner Mutter. Ich folgte ihr wie ein Hündchen, und ich ahnte jeden ihrer Wünsche im Voraus. Nachts durfte ich bei ihr in ihrem großen Bett schlafen. Oft wurde ich von lautem Schnarchen geweckt, das mich sehr erschreckte. Ängstlich richtete ich mich auf, bis ich begriff, dass es von meiner Mutter kam. Dann strich ich ihr zart über die Wangen, um sie zu wecken. Ich fürchtete, sie könnte ersticken, ich wollte nicht, dass sie starb. Bald wurde mir klar, wie schlecht es um ihre Gesundheit stand. Ich sprach mit Pema Dolkar darüber, und sie erzählte mir von einem Traum, den unsere Mutter kurz vor dem Tod unseres Vaters geträumt hatte: Eine Frau in grünem Gewand und mit herrlichem Schmuck lag tot in ihrem Bett. In dem Jahr, in dem ich zehn wurde, erkrankte meine Mutter schwer, und als ich sie eines Morgens in einer grünen *Chuba* auf der Terrasse fand, das Haar mit ihren wertvollsten Perlen geschmückt, erschrak ich sehr. Ich setzte mich neben sie, ergriff ihre Hand und legte behutsam meinen Kopf in ihren Schoß. Sie streichelte sanft mein Haar und sagte: «Ich bin froh, dass ich nicht gestorben bin, ich möchte zwei so kleine Kinder nicht allein lassen.» Dann erklärte sie, sie sei müde und wolle sich in ihr Zimmer zurückziehen. Am Nachmittag herrschte plötzlich große Aufregung im Haus. Beunruhigt eilte ich zu meiner Mutter. Sie lag auf dem Bett und hatte bereits ihren letzten Atemzug getan. Mein Weinen und mein Kummer durften sie nicht stören, darum wurde ich weggeschickt. Einsam irrte ich durchs Haus, und ich hörte noch ihre liebevollen Worte: «Ich will euch nicht allein lassen.»

Bei uns verlangt die Tradition, dass die Toten mehrere Tage unberührt ruhen, bis ein großer Lama ihrem Geist hilft, den Körper zu verlassen. Wenn Feuchtigkeit aus Nase und Mund austritt, ist der Geist entwichen. Daraufhin wird der Leichnam mit Heilkräutern gewaschen, bekleidet und mit Götterbildern geschmückt. Dann wird er im Lotossitz in einen Sessel gehoben, und um ihn herum werden Hunderte von kleinen Butterlampen entzündet … Meine Mutter hatte sich gewünscht, eingeäschert zu werden. Ihr Wunsch wurde nicht erfüllt. Für mich war es schrecklich, mir vorzustellen, wie ihr zierlicher Körper im Ratsak-Tempel zerstückelt und den Geiern zum Fraß vorgeworfen wurde …

Entgegen der Behauptung der chinesischen Propaganda gab es zu jener Zeit in Lhasa etwa fünfzig Schulen. Es waren Privatschulen, die von Mönchen geleitet wurden. Zwei Jahre vor dem Tod meiner Mutter hatte ich begonnen, täglich zusammen mit etwa fünfzehn Jungen, den Söhnen von Dienern des Tsarong-Gutes, zur Schule zu gehen.

Das Lernen machte mir Freude. Ich war wissbegierig, aber auch faul und gelegentlich sehr undiszipliniert. Manchmal machte ich bei den Schreibübungen einfach meine Seite nicht fertig. Dann bekam ich einen Klaps. Ich erinnere mich an einen Tag, an dem der Lehrer mich, weil ich meine Schulaufgabe nicht beendet hatte, am Nachmittag dabehalten wollte. Ich bekam Angst und lief weg. Am nächsten Tag wollte er, als sei nichts geschehen, meine Aufgabe sehen. Sie war immer noch nicht fertig. Er bestimmte zwei Jungen, die mir ein paar Ohrfeigen verpassen sollten. Ich begann zu schreien, um sie abzulenken, und sprang durchs Fenster nach draußen. Die Jungen verfolgten mich durch die Straßen von Lhasa. Als mir die Puste ausging, flüchtete ich mich in den düsteren Hof eines Bäckers, wo sie mich nicht aufspürten. Von diesem Tag an fand ich Gefallen daran, mich zu kleiden wie ein Junge und Khampa-Stiefel zu tragen. Das stand mir so gut, dass mich die Gäste bei den Festen manchmal sogar «Prinz» nannten. (*Sie lacht schallend.*) Wenn ich keine Lust hatte, in die Schule zu gehen, blieb ich einfach zu Hause. Dabei hatte ich meine Lieblingstante Yukon Tampon, die von allen nur *Mola*, «Großmutter» genannt wurde, auf meiner Seite. Sie schickte eine Dienerin mit irgendeiner Entschuldigung in die Schule. Seit dem Tod meiner Mutter hatte ich zu Hause viel zu tun. Da die Hausherrin fehlte, vernachlässigten die Diener ihre Arbeit. Das gefiel mir nicht. Darum kontrollierte ich sie. Manchmal musste ich sie auch bestrafen, wenn die Speisen, die sie für uns kochten, nach nichts schmeckten. Doch mein größter Vorwurf betraf den Tee, der so fad war, dass meine Klassenkameraden sich über mich lustig machten. Seine Zubereitung verlangt viel Sorgfalt. Unser Tee ist anders als der hier in Indien. Er kommt in Form von gepressten und luftgetrockneten Teeziegeln aus China. Der Absud wird in ein Butterfass gegossen und mit kochendem Wasser, Salz, Soda und Butter vermischt. Das Soda mildert seine schwarze Farbe. Er wird geschlagen, bis eine homogene Flüssigkeit entsteht, dann wird er über dem Feuer warm gehalten und steht für Besucher bereit.

Inzwischen habe ich mich an die hiesige, englische Teezubereitung gewöhnt, und vor allem habe ich Geduld gelernt, *fügt sie mit einer gehörigen Portion Selbstironie hinzu*. Wenn ich mit den Dienern zu ungeduldig war, stieg ich hinauf in den großen Saal unseres Hauses und setzte mich vor ein riesiges *Tanka* von Tsongkhapa, dem Reformator des tibetischen Buddhismus, der im 14. Jahrhundert den Gelugpa-Orden gründete. Er stammte aus einer Nomadenfamilie aus Amdo. Einer seiner bedeutendsten Schüler erbaute das Kloster Tashilhunpo bei Shigatse, den traditionellen Sitz des Panchen Lama, des zweiten spirituellen Würdenträgers in Tibet.

Meine Mutter pflegte dort Station zu machen, wenn sie auf das Landgut der Tsarong reiste, und der 9. Panchen Lama empfing sie stets mit großer Hochachtung ...

Während Tenzin Chodon mich wie jeden Abend hinausbegleitet, berichtet sie von einer besonderen Gräueltat der Chinesen in jüngster Zeit. Es geht um einen siebenjährigen Jungen namens Gedhun Choekyi Nyima, den 11. Panchen Lama, der im Mai 1995 vom Dalai Lama erkannt wurde. Er wurde von den Chinesen verhaftet und ist der jüngste politische Gefangene der Welt. Die Chinesen weigerten sich, die Autorität des 14. Dalai Lama anzuerkennen, und wählten willkürlich einen anderen Panchen Lama, indem sie aus einer Urne mit ausgewählten Namen im Losverfahren einen Namen zogen. Dieser Junge wird von den Chinesen erzogen, und die tibetischen Mönche werden gezwungen, den vom Dalai Lama erkannten Panchen Lama zu verleugnen.

«Wenn ich im Exil sterbe und die Tibeter die Institution weiterführen wollen, wird meine nächste Inkarnation in einem freien Land gefunden werden, nicht in einem Land, das unter der Kontrolle der Chinesen steht. Das kann ich mit absoluter Sicherheit sagen ...»

(Der Dalai Lama – New York)

Am nächsten Morgen fährt Frau Taring in ihrem tadellosen Englisch bei einer Tasse englischem Tee fort: Im Jahre 1922 kam Sir Charles Bell, Regierungsvertreter in Sikkim, nach Lhasa, um dem 13. Dalai Lama einen Besuch abzustatten. Sir

Charles Bell war der erste Europäer, den ich zu Gesicht bekam. Meine kleine Schwester und ich, wir fanden, er habe ein rotes Gesicht, Haare wie Goldfäden und eine Nase wie die Tülle einer Kanne. Das war sehr lustig, *sagt sie mit dem schelmischen Gesichtsausdruck eines kleinen Mädchens.* Während seines Aufenthaltes wurde er zusammen mit dem britischen Handelsagenten Mr. David McDonald auch bei uns zu Hause empfangen. Mr. McDonald spielte nach dem Essen mit uns Kindern. Mit seinem großen Schnurrbart sah er aus wie ein Tibeter. Seine Mutter stammte aus Sikkim, und er sprach mehrere Sprachen, darunter auch fließend Tibetisch. Während wir spielten, fragte er meine kleine Schwester Changchup Dolma und mich, ich war zwölf, ob wir zu ihm nach Darjeeling kommen wollten, um mit seinen Töchtern die englische Schule zu besuchen. Er war von dieser Idee sehr angetan und sprach auch mit meiner ältesten Schwester Pema Dolkar und ihrem Mann Dadul Tsarong darüber, die sich seit dem Tod meiner Mutter um uns kümmerten. Pema Dolkar und Dadul Tsarong ließen sich diesen Vorschlag durch den Kopf gehen und besprachen die Sache mit uns. Meine kleine Schwester war sehr schüchtern und lehnte ab, aber ich erklärte mich sofort einverstanden, denn ich fand den Gedanken sehr aufregend. Als meine Mutter noch gelebt hatte, hatte ich oft zu ihr gesagt: «Ich will in das Land reisen, in dem die Orangen wachsen!» Sie hatte immer geantwortet: «Dieses Land ist Indien. Um dorthin zu gelangen, muss man sehr hohe, sehr kalte und verschneite Gebirgspässe überwinden.»

Der Familienrat versammelte sich und entschied schließlich, dass ich ohne meine kleine Schwester aufbrechen durfte.

Ich war begeistert, nur musste ich noch ein Jahr warten bis zum nächsten Herbst, denn das war die beste Zeit zum Reisen. Ungeduldig bereitete ich meinen Aufbruch vor. Ich konnte kein Englisch, doch ich malte englische Wörter von leeren Keksdosen und Schokoladenpackungen ab, und so lernte ich ganz allein das Alphabet! Ich fragte Rigzin Chodon, die Witwe meines ermordeten Bruders nach allem, was sie über Indien wusste. Sie hatte wieder geheiratet, und zwar den Kriegsminister Chensal Namgang. Wir wussten, dass er an der Verschwörung gegen meinen Vater nicht beteiligt gewesen war. Er nahm unseren Familiennamen an, Dosang Dadul Tsarong, wir nannten ihn Tsarong II. Rigzin Chodon konnte keine Kinder bekommen. Um unseren Namen weiter bestehen zu lassen, heiratete Dadul Tsarong auch noch meine älteste Schwester Pema Dolkar. Rigzin Chodon war sehr liebevoll und von unendlicher Güte. Sie kümmerte sich um die Kinder von Pema Dolkar mit ebenso viel Liebe, als wären es ihre eigenen, und mit mir ging sie sehr geduldig um …

Als es endlich Herbst wurde, bat ich Rigzin Chodon, auf einem weißen Pferd reiten zu dürfen statt wie vorgesehen auf einem Maultier. Sie ging auf meinen Wunsch ein, ich war ihr sehr dankbar. Überglücklich saß ich auf meinem schönen Schimmel, der mit einem silberbeschlagenen Mongolensattel herausgeputzt war und als Zeichen für meine Zugehörigkeit zu einer adligen Familie eine Seidenquaste am Zaumzeug trug. Am liebsten wäre ich ganz allein gereist … Damit war meine Familie aber nicht einverstanden. Ein Diener und eine Dienerin, die mich seit meiner frühesten Kindheit kannten, begleiteten mich. Die Reise dauerte drei Wochen und war ein unvergessliches Erlebnis.

Vom Pferderücken aus entdeckte ich unser herrliches Land. Ich war viel zu eigensinnig, um auf meine Diener zu hören, die mich inständig baten, den Weg nicht zu verlassen. Stattdessen galoppierte ich immer wieder den Gazellen in den Wäldern nach.

Besonders liebte ich die Abende, wenn wir in einem Dorf oder in einem abgelegenen Hof Station machten und das Abendessen mit unseren Gastgebern teilten. Ich lauschte ihren Erzählungen, die meine Aufmerksamkeit fesselten und mich in eine fremde Welt entführten. Am Rande der Phari-Ebene trafen wir auf einen Angestellten der Britischen Handelsagentur. Er war uns entgegengeritten, um uns mitzuteilen, die McDonalds seien noch bei den heißen Quellen im nahe gelegenen Khambu, sie würden jedoch bald zurückkommen und mich ins Chumbi-Tal mitnehmen. In der eiskalten Stadt Phari brachte man uns in einem Regierungsgebäude unter. Von Phari aus konnte man den «König der Berge» sehen, den Johmo Lhari. Die Leute aus Phari sagen, dass sie durch diesen Berg gesegnet sind, denn an der Kreuzung der Handelswege gibt er ihnen alles, was sie brauchen.

Am Nachmittag des folgenden Tages kam ein Diener, um mir mitzuteilen, dass die McDonalds mich erwarteten. Aufgeregt legte ich meine schönste *Chuba* aus Satin an und schlüpfte in meine neuen, bestickten Stiefel. Zur Begrüßung verbeugte ich mich, wie es in England üblich ist, dann überreichte ich ihnen nach tibetischer Tradition einen weißen Schal. Sie empfingen mich sehr herzlich. Frau McDonald, Tochter eines Schotten und einer Nepalesin, war sehr hübsch. Sie trug die traditionellen Gewänder ihrer Mutter, und einer ihrer Nasenflügel war mit einem Goldring geschmückt, was mich besonders faszinierte.

Nach einigen Ruhetagen musste ich mich schweren Herzens von meinen Dienern verabschieden, die nach Lhasa zurückkehrten. Ich stand an der Schwelle zu einem neuen Leben. Die McDonalds und ich brachen nach Yatung auf, wo sie ihr Haus hatten. Es war zauberhaft. Je weiter wir das Tal hinunterstiegen, desto üppiger wurde die Vegetation. Die Flüsse gurgelten, die Wegränder erinnerten an die Farbpalette eines Malers. Zum ersten Mal in meinem Leben sah ich eine solche Fülle von Blumen. Ich musste an meine Mutter denken und konnte es mir nicht versagen, einen riesigen Blumenstrauß zu pflücken.

Im Haus der McDonalds erwartete mich eine kleine Enttäuschung: Die Kinder waren nicht da. Ich musste mich fünf Monate gedulden, bis sie über die Ferien heimkamen. Diese Zeit nutzte ich, um mich mit der Welt der McDonalds vertraut zu machen. Ihr Haus war ein entzückender Holzbungalow mit einer umlaufenden Veranda. Im Badezimmer stand eine runde Holzbadewanne. Am Tag meiner Ankunft nahm ich mein erstes Bad. Eine Dienerin hatte den Zuber mit heißem Wasser gefüllt. Als ich in diese dampfende Wanne steigen sollte, glaubte ich, ich würde ersticken. Auch mit den englischen Speisen musste ich mich erst anfreunden. Ich sehe mich noch vor einem Teller Kartoffeln sitzen, die unter meiner Gabel davonrollten und auf der Tischdecke landeten. Am Anfang fand ich sie ziemlich fad. Mr. McDonald war sehr freundlich zu mir. Er nutzte die freie Zeit, um mir Nepali beizubringen, und diese Sprache wurde mir bald vertraut. Die McDonalds gaben sich große Mühe, mich aufzuheitern. Damit ich kein Heimweh bekam, bereitete ihr Koch tibetische Speisen für mich zu, und sie zeigten mir die umliegenden Klöster. Die McDonalds selbst waren Christen. Jeden Sonntag gingen sie zur Messe. Manchmal begleitete ich sie, ich mochte die Chorgesänge. Während der ersten Monate in Yatung fand ich ihre Lebensweise seltsam, doch ich übernahm sie sehr schnell, obwohl es auch tibetische Diener gab. Im Grunde bin ich nie wirklich traurig gewesen, außer zu *Losar*, am tibetischen Neujahrstag. Da blieb ich im Bett und weinte den ganzen Tag.

Die McDonalds hatten zwei Söhne und fünf Töchter, die alle sehr nett waren, besonders Vera, mit der ich noch immer eng befreundet bin. Die Mädchen brachten mir die ersten Brocken Englisch bei, und als die Ferien im März zu Ende gingen, halfen sie mir bei den Vorbereitungen für den Schulanfang. Mit Pauline und David reiste ich nach Darjeeling. Damals musste man den hohen Jelap-Pass überqueren, um Kalimpong zu erreichen und von dort aus nach Ghoom zu reiten – zu Pferd eine Reise von acht Tagen. Danach fuhren wir in dem kleinen Zug, den es heute noch gibt, nach Darjeeling. Ich sah zum ersten Mal einen Zug und bekam es gehörig mit der Angst zu tun, als er pfiff. In Darjeeling kam ich in das amerikanische Methodisten-Internat Mount Hermon. Bald freundete ich mich mit den Mädchen an, die meist aus England oder Amerika stammten. Allmählich lernte ich ihre Kultur kennen. Mein Vorname Dolma interessierte sie besonders. Sie erkundigten sich eingehend nach seiner Bedeutung. Ich erklärte ihnen den Sinn: Dolma ist die Göttliche Mutter, die Schutzherrin Tibets. Danach baten sie mich sehr freundlich um die Erlaubnis, mich Mary nennen zu dürfen.

Ich war einverstanden, denn Maria, die Mutter Jesu, ist für mich ebenfalls eine Beschützerin.

In Darjeeling lebten auch Tibeter. Sie traf ich, wenn wir Ausgang hatten, und ich genoss es, mich mit ihnen in meiner Muttersprache unterhalten zu können. Als Tochter des Tsarong achteten sie mich sehr. In dieser Schule blieb ich drei Jahre. Später habe ich auch meine Töchter und andere tibetische Kinder dorthin geschickt.

Die Schulferien fielen in den Winter, die schlechteste Jahreszeit zum Reisen. Der Schneesturm nahm einem die Sicht, und Glatteis machte die Straßen gefährlich. Trotz allem wollte ich unbedingt nach Lhasa. Die Reise war anstrengend, verlief jedoch ohne Zwischenfälle. Zu meiner großen Freude traf ich Pema Dolkar, ihren Mann Dadul Tsarong und die Diener, die mich begleitet hatten, bei guter Gesundheit an. Aus Darjeeling hatte ich Pema Dolkar geschrieben, ich wolle zum Frühstück Brot oder Teekuchen essen und in einem richtigen Bett schlafen. Sie erfüllte mir diese Wünsche. Ich bildete mir ein, bereits eine Menge gelernt zu haben: Die westliche Art, sich zu kleiden und zu ernähren! ...

Eines Morgens traf eine Botschaft des 13. Dalai Lama ein. Er wollte mich sehen und wissen, ob ich interessante Dinge aus Indien mitgebracht hatte, besonders Schreibmaterial ... Leider hatte ich nichts von alledem dabei. Trotzdem nahm Tsarong mich mit, damit ich dem Dalai Lama einen Besuch abstatten konnte. Das war eine große Ehre für ein kleines Mädchen! Als ich vor Ihm stand, war ich stolz und eingeschüchtert zugleich. Wie es üblich ist, verbeugte ich mich dreimal so tief, dass ich mit der Stirn den Boden berührte. Danach durfte ich mich setzen, und Er bot mir eine Tasse

Tee und Gebäck an. Während wir Tee tranken, stellte Er mir zahlreiche Fragen über die Erziehung, die ich in Indien erhielt. Ich hatte den Hut meiner Schuluniform auf, der Ihn sehr belustigte. Dann wandte Er sich an Tsarong, und sie diskutierten lange über die notwendige Modernisierung Tibets. Als die Unterredung zu Ende war, band Er mir, nachdem ich Ihn erneut dreimal gegrüßt hatte, einen großen weißen Schal um den Hals, der mich vor Unheil schützen sollte.

Als die Ferien vorbei waren, kehrte ich nach Darjeeling zurück, und danach verbrachte ich die schulfreie Zeit nicht mehr in Lhasa, sondern blieb bei den Kindern der McDonalds in Kalimpong. Joe McDonald war eng mit dem jungen Prinzen Taring befreundet, der die Ferien in Kalimpong bei seiner Tante verbrachte. Er besuchte Joe McDonald oft, und wir spielten alle zusammen. Im Jahr zuvor, als er zum ersten Mal gekommen war, war ich so eingeschüchtert, dass ich mich weigerte, ihn zu begrüßen; dabei wurde er später mein zweiter Ehemann … Jigme Taring war der älteste Sohn von Raja Taring, dem Fürsten und religiösen Oberhaupt von Sikkim.

Die McDonalds besaßen ein Grammophon, das für mich ein regelrechter Zauberkasten war. Die Jungen brachten mir Foxtrott und Walzer bei. Das Tanzen machte mir Spaß. Am schönsten war mein drittes und letztes Schuljahr. Wenn wir ins Kino gehen wollten, schickten die Mädchen meistens mich vor, denn sie wussten, dass die Direktorin mir selten einen Wunsch abschlug. Sie pflegte ihre Brille auf der Nase nach oben zu schieben, mich anzusehen und freundlich zu antworten: «Aber natürlich, Mary. In Tibet gibt es ja keine Kinos, also nutzt die Gelegenheit.»

In jenem Jahr, das war 1924, erreichten mich kurz vor Fe-
rienanfang telefonisch Besorgnis erregende Gerüchte aus
Lhasa. Es hieß, die Geistlichen in den Klöstern wollten meinen Schwager Tsarong angreifen, weil sie ihn verdächtigten,
probritisch eingestellt zu sein. Dabei stand Tsarong in Wirklichkeit dem Dalai Lama sehr nahe, oft sprachen sie stundenlang über die Zukunft unseres Landes. Tsarong war damals
gerade dabei, die Armee neu zu organisieren, denn er hatte
erkannt, dass Tibet besonders im Osten eine starke Verteidi-
gungsmacht benötigte. Das hatten die Ereignisse von 1923
bewiesen. Die weitere Entwicklung der Geschichte sollte
ihm Recht geben ... Doch die Klöster fürchteten, ihren Einfluss zu verlieren, und beschuldigten ihn, er wolle mächtiger
sein als der Dalai Lama. Ich hatte große Angst, es könne zu
einer neuen Verschwörung kommen wie damals gegen meinen Vater. Tsarong wurde zu einer militärischen Inspektion
nach Yatung geschickt. Meine Schwester Pema Dolkar begleitete ihn. Da sie eine Pilgerfahrt nach Indien und Nepal
planten, holten sie mich während meiner Ferien in Darjeeling ab. Nachdem wir Kalkutta, Bombay, Varanasi und Kath-
mandu besucht hatten, kehrte ich mit ihnen nach Lhasa zurück. Die Schule besuchte ich nicht mehr. Meine Kenntnisse
in Nepali und Englisch vertiefte ich für mich allein.

Tsarong II. besaß eine Vorliebe für schöne Dinge. Er sammelte altes Porzellan, Jadeschmuck und wertvolle Möbel.
Um die Schulden unserer Familie zu tilgen, hatte er sich auf
den Seidenhandel verlegt. Er trieb Handel mit Indien,
China, Japan, Russland und Frankreich. Wegen meiner Eng-
lischkenntnisse bat er mich, seine Sekretärin zu werden. Tsarong II. hatte drei Frauen, die er gleichermaßen achtete. Rig-

zin Chodon, seine erste Frau, beschloss, sich in ein Kloster zurückzuziehen, um sich dem religiösen Leben zu widmen. Meine Schwester Pema Dolka, deren Gesundheit angeschlagen war, verlor ihr erstes Kind. Ein Lama riet ihr, einige Zeit lang in der Nähe eines heiligen Berges beim Drepung-Kloster zu leben. Als sie wieder zu Hause war, brachte sie gesunde Kinder zur Welt. Tsarong und Pema Dolkar waren auch begeisterte Gärtner; am Abend arbeiteten sie gemeinsam im Garten. Sie zogen in Lhasa die ersten Tomaten und den ersten Blumenkohl. Meine Schwester Tseten Dolkar war verwitwet: Ihr Mann war gestorben, während sie ein Kind erwartete. Tsarong half ihr, die Angelegenheiten im Horkhang-Haus zu regeln. Bis zur Volljährigkeit eines Neffen, dem sie schon lange versprochen war, nahm er sie zur dritten Frau, und sie gebar ihm sechs Kinder. Als er mich bat, seine vierte und jüngste Frau zu werden, lehnte ich ab. Ich wandte ein, er sei zwanzig Jahre älter als ich und habe schon viele Kinder. Er entgegnete, seine dritte Frau werde sich bald anderweitig verheiraten und ihn mit Pema Dolkar allein zurücklassen. Er versicherte mir, wenn ich einen jüngeren Mann kennen lernen würde, wolle er mich freigeben. Schließlich erklärte ich mich einverstanden. Die Hochzeitsfeier war sehr schlicht.

Abends las ich lange Stunden in englischen Zeitschriften, die ein amerikanischer Philatelist bei Tsarong gegen tibetische Briefmarken eintauschte. Tsarong war ein gütiger Mann, der immer wusste, was in der Welt vorging. Er kannte sich sehr gut in Geographie aus und hatte immer eine Weltkarte zur Hand. Er war der Meinung, Tibet müsse internationale Beziehungen unterhalten. Er wollte Schulen einrichten, Straßen bauen, die Armee schlagkräftiger machen, um unser Land stark und unabhängig werden zu lassen. Seine Gegner hielten ihn für probritisch, proamerikanisch, -japanisch oder -russisch, aber ich habe ihn niemals schlecht über andere sprechen hören, und man brachte ihm großen Respekt entgegen. Ich arbeitete gerne mit ihm zusammen, obwohl er oft schimpfte, wenn etwas schief gegangen war. Er zwang mich, Verantwortung zu übernehmen. Später hat mir das sehr geholfen … Im Jahre 1928 bekamen wir ein kleines Mädchen. Es war ein sehr schönes Kind. Pema Dolkar, Tsarong und eine Dienerin halfen mir bei der Geburt. Als die Dienerin die Nabelschnur durchtrennt und das Kind in Decken gewickelt hatte, wurden die Eintrittsriten in diese Welt vollzogen. Meine Dienerin bestand darauf, dem Kind ein Stück *Tashi Delek Tsampa** in den Mund zu legen, das sollte ihm Glück bringen. Nach einer Woche erhielt es von einem Lama den Namen Tsering Yangzom, der bedeutet: «wohlklingendes, langes Leben».

Heute lebt Tsering Yangzom in Delhi. Während des Aufstandes von 1959 befand sie sich mit ihrem Mann zu einem offiziellen Besuch in Indien. Sie hatte mir ihre vier Kinder anvertraut. Sie konnte bis heute nicht nach Tibet zurückkehren. Einige Monate nach der Geburt meiner Tochter erhielt ich völlig überraschend einen englischen Glückwunschbrief von Jigme Taring, der die tibetische Schrift nur mangelhaft beherrschte. Neben einem Foto von sich hatte er auch einen zweiten Brief beigelegt, den ich meiner jüngeren Schwester Changchup Dolma übersetzen sollte. Darin bat er sie, seine Frau zu werden. Changchup Dolma lachte nur schüchtern, gab aber keine Antwort. Also erging ich mich in Lobreden auf Jigme und sagte ihr, sie habe großes Glück, einen so gebildeten und gut aussehenden Mann heiraten zu können. Tsarong hörte all das mit, und er fragte mich, ob ich mich damals während der gemeinsamen Ferien in Kalimpong in Jigme verliebt habe. Ich antwortete: «Wir haben nie von Liebe gesprochen.» Er führte seinen Gedanken weiter: «Ihr kennt euch schon lange, ihr sprecht beide Englisch, ihr könntet gemeinsam für mich arbeiten, wenn ihr heiraten würdet.» Ich hatte keinen Einwand. Tsarong schrieb sofort an Raja Taring, Jigmes Vater. Raja Taring antwortete, dieser Vorschlag sei nur dann akzeptabel, wenn sein jüngerer Sohn meine jüngere Schwester heiraten würde, dann könne Jigme arbeiten, wo er es wünsche. Changchup Dolma willigte unter der Bedingung ein, dass wir uns am gleichen Tag vermählten. So heirateten meine Schwester und ich an einem Frühlingstag im Jahre 1930 aus wirtschaftlichen Gründen die Brüder Taring.

Meine Schwester, deren Gesundheit angegriffen war, musste vor mir nach Gyantse aufbrechen, um sich dort von einem englischen Militärarzt behandeln zu lassen. Währenddessen begannen zu Hause die Vorbereitungen. Meine Schwester und ich erhielten die gleiche Aussteuer, außerdem Diamanten und Goldbarren. Für unsere Dienerinnen wurden neue *Chubas* angefertigt, und Tsarong schenkte mir einen vollständigen Satz Juwelen. Wie es üblich war, wurde der Schmuck an Jigmes Familie geschickt, die mir in Übereinstimmung mit den Elementen meines Geburtsjahres ein Stück nach dem anderen aushändigte. Die Dienerinnen vom Tsarong-Gut trafen ein. Sie tanzten und sangen eigens für diese Gelegenheit komponierte Lieder, und all das dauerte drei Tage. Meine Freunde besuchten mich und brachten mir

Geschenke. Wie jedes junge Mädchen, das heiratet, vergoss ich Tränen, halb aus Kummer und halb vor Freude. Ein Astrologe, ein Klassenkamerad von mir, malte mir viele schützende Zeichen in die Handflächen, bevor die Rituale in der Schatzkammer und im Raum der Gottheiten begannen. Genau in der vorhergesagten Stunde verließ ich das Haus. Ich war sehr traurig, dass ich meine kleine zweijährige Tochter bei meiner Schwester Pema Dolkar und bei Tsarong zurücklassen musste, doch ich wusste, dass beide sie unendlich liebten.

Wir sind ein sehr abergläubisches Volk und achten ständig auf die Natur. Man sagt, schöne Mädchen ziehen Hagelschlag an, wenn sie in einem neuen Haus ankommen. Also hatten wir die Hochzeitsfeier auf dem Taring-Gut in der Nähe von Gyantse für den Frühling geplant, so konnte nichts passieren. Die Reise dauerte sieben Tage, mein Trauzeuge und sieben Dienerinnen begleiteten mich. Eines Morgens bei Sonnenaufgang erreichten wir schließlich das Taring-Gut.

Rechts und links des Weges erwarteten uns Diener, die uns als Willkommensgruß *Chang* reichten. Auf den Dächern des Klosters wurden Trompeten geblasen, und am Eingangstor des Taring-Gutes begrüßten uns die Frauen mit einem Lied. Mein Trauzeuge rezitierte ein Gebet. Als ich abgestiegen war, musste ich über Teller mit Nahrungsmitteln springen, die mit farbigen Seidentüchern bedeckt waren. Dieser Brauch symbolisiert die Fülle. Für die Festlichkeiten war auf der Terrasse ein Zelt aufgebaut. Dort bliesen Mönche ihre *Radongs* (Klostertrompeten) und trommelten dazu. Die Gebetsfahnen wurden abgenommen und durch speziell angefertigte, mit Gebeten beschriftete Heiratsfahnen ersetzt, deren Farben den Elementen unseres Geburtsjahres entsprachen. Mein Element war die Erde, deshalb hatte ich eine gelbe Fahne. Sie wurden hoch über dem Dach gehisst und gaben unsere Hochzeit allgemein bekannt. Dann verlas mein Trauzeuge, Tsarongs Bruder, laut den Ehevertrag: «Seine Exzellenz, der Minister Tsarong, ist so überaus freundlich, seine jüngste Ehefrau Rinchen Dolma am heutigen Tag mit dem Prinzen Jigme Sumtsen Wangpo, dem ältesten Sohn des Raja Taring, Fürst von Sikkim, zu verheiraten. Seine Exzellenz erklärt, dass die Tochter von Tsarong II. und Rinchen Dolma ebenso behandelt wird wie die Kinder der Frau von Taring, und wenn sie heiratet, wird Taring die volle Verantwortung übernehmen.» Die Festlichkeiten dauerten zehn Tage.

Ich hatte das geheime religiöse Gelübde abgelegt, Jigme mein Leben lang treu zu bleiben, und ich habe es auch eingehalten. Es war eine sehr glückliche Ehe. *Sie streicht sich kokett über ihr schönes weißes Haar und sagt verschmitzt:* Wissen Sie, früher war Monogamie nicht selbstverständlich. Eine Frau konnte ebenso gut mehrere Männer haben. Meistens waren es Brüder, damit der Besitz nicht geteilt werden musste. Die Kinder aus diesen Ehen erhielten automatisch den Namen des ältesten Bruders und nannten die anderen Männer «Onkel». Unsere Kinder sind sehr aufgeweckt. Sie bekommen viel Liebe, vom Vater wie auch von dessen Brüdern. Die Frauen hatten die gleichen Rechte wie die Männer, und wenn eine Ehe nicht mehr funktionierte, konnte man sich nach Befragung der Alten, der Astrologen und der Lamas scheiden lassen. Wenn das Unrecht aufseiten des Mannes lag, musste er das Haus verlassen, und sein Sohn erbte seine Güter. Die Frau behielt sämtlichen Schmuck und wurde vom Mann mit Korn und Geld versorgt. Meist blieben die Söhne beim Vater und die Töchter bei der Mutter. War der Mann in die Familie der Frau gekommen, nahm er all das wieder mit, was er eingebracht hatte, und erhielt außerdem einen gerechten Anteil am Besitz. Die Kinder blieben dann bei der Mutter. Heute im Exil hat sich die Situation verändert, die Monogamie überwiegt.

Nachdem die Hochzeitsfeierlichkeiten beendet waren, lebten wir ein Jahr lang auf dem Taring-Gut. Dort verlief der Alltag ruhig und harmonisch im Vergleich zum bewegten Leben in Lhasa. Meine Schwiegermutter war eine sehr aktive Frau. Sie überwachte die Arbeit der Dienerinnen streng. Sie wusste, wann man das Gemüse ernten musste, um es zu trocknen, und sie war eine ausgezeichnete Köchin. Die größte Aufmerksamkeit schenkte sie der Arbeit der Weber. Die Wolle aus dem Hause Taring galt als besonders weich und fein. Wir fertigten daraus die *Aprons**, die wir über unseren *Chubas* trugen. Der auf Taring gewebte Wollstoff war bis nach Lhasa berühmt. In ihrer freien Zeit las meine Schwiegermutter in den heiligen Schriften, oder wir tranken miteinander Tee. Ich liebte diese Momente der vertraulichen Gemeinsamkeit. Am liebsten brachte ich sie zum Lachen, indem ich Geschichten aus Lhasa erzählte. Abends spielte Jigme Banjo, und seine ältere Schwester Kalden sang und tanzte dazu. Auch wir mussten mitmachen, ebenso unsere englischen Freunde, wenn sie zu Besuch waren. Tsarong schickte uns regelmäßig die Korrespondenz, die zu übersetzen war, per Post, und wir schickten sie ihm auf gleichem Weg zurück.

Eines Tages schrieb er uns, er habe seinen Posten im Armeeministerium an den ehrgeizigen Neffen des Dalai Lama abtreten müssen. Der Dalai Lama übertrug Tsarong allerdings die Leitung einer neuen Regierungsstelle, die *Trapchi Lekhung* hieß und die das Münzamt, die Fabrik für Papiergeld und die Munitionsfabrik verwalten sollte. Abgesandte der Regierung reisten nach Indien, um dort Druckerpressen zu kaufen. Tsarong hielt es jedoch für besser, Goldvorräte anzulegen. Wenig später erhielt Jigme einen Brief des neuen Armeeministers Kunphela. Dieser teilte ihm mit, dass die Leibgarde Seiner Heiligkeit nach Gyantse entsandt werden sollte, um dort von englischen Artilleristen geschult zu werden. Jigme sollte den Trupp als Dolmetscher begleiten und wurde zum *Dapon* ernannt.

Als dieser Auftrag ausgeführt war, kehrten wir nach Lhasa zurück. Wir bezogen ein kleines Haus auf dem Gelände des beeindruckenden neuen Tsarong-Besitzes, der Tsarong viele Neider einbrachte. Dort erblickte Ngodup Wangmo, meine erste Tochter von Jigme, das Licht der Welt. Siebenundzwanzig Monate später wurde Yangchen Dolkar geboren, die Mutter meiner Enkeltochter hier, *sagt sie und zeigt auf Tsering Chodong, die gerade mit Tee ins Zimmer kommt.*

Später bauten wir ein Haus im Osten von Lhasa, ich selbst habe die Arbeiten beaufsichtigt. Jigmes Mutter zog bei uns ein, nachdem ihr Mann gestorben war. In unserem Garten zog Jigme Gemüse und Blumen. Das war sein bevorzugter Zeitvertreib. Er hat seine Liebe zu den Blumen auch hierher mitgebracht. Sicher haben Sie die Blumen im Garten bemerkt, die hat Jigme noch gepflanzt. Ich pflege sie, so gut ich kann.

Der Armeeminister begann, Soldaten zu rekrutieren und in den Osten des Landes zu schicken. Er wollte die Grenze zwischen Kham und China verstärken. Zum Glück wurde Jigme nicht eingezogen. Ich war froh, wieder bei meiner ältesten Tochter zu sein. Außerdem musste ich den Bau unseres neuen Hauses überwachen, und ich hätte es nicht gerne gesehen, wenn wir getrennt worden wären. Jigme wurde zum Bau einer Kaserne nach Drapchi in der Nähe von Lhasa beordert, die leider inzwischen zu einem Gefängnis geworden ist.

An einem eisigen Winterabend, ich war in meinem fünfundzwanzigsten Lebensjahr, überbrachte uns General Dingja, ein enger Freund, die traurige Nachricht, dass Seine Heiligkeit der 13. Dalai Lama im Alter von achtundfünfzig Jahren verstorben war. Das war am 17. Dezember 1933, in der Nacht des 13. Tages im 11. Monat des Wasser-Vogel-Jahres. Lhasa versank in tiefer Trauer. In den Fenstern und auf den Dächern wurden Öllampen entzündet, die Fahnen wurden auf halbmast gesetzt. Die Frauen legten ihre *Aprons* und allen Schmuck ab. Der Verstorbene war ein außergewöhnlicher Mensch gewesen. Er hatte das Land mit fester Hand regiert, die Korruption vermindert und die Klöster diszipliniert. Er hatte den Wucher verboten, nachlässige Grundbesitzer enteignet und ihre Ländereien anderen überschrieben. Er hatte Ärzte in die ländlichen Gebiete zu den Bauern geschickt, er hatte das Spiel sowie den übermäßigen Genuss von Alkohol, Opium und Tabak verboten. Er war ein viel geliebter und hoch geachteter Mann gewesen, auch wenn die Reichen seine Reformen nicht immer begrüßt hatten. Nach seinem Tod ließen die Regenten es leider zu, dass sich die Sitten wieder lockerten, und es kamen erneut Intrigen auf. Dabei hatte der 13. Dalai Lama ein Jahr vor seinem Tod in seinem politischen Testament seinen Regierungsmitgliedern empfohlen, gemeinsam ernsthaft daran zu arbeiten, dass die Unabhängigkeit Tibets erhalten bliebe. Er hatte gewarnt, die Ausbreitung des Kommunismus in der Äußeren Mongolei sei eine Bedrohung für Tibet: «Wenn ihr nicht aufwacht, werden die ‹Roten Barbaren› unser Land überwältigen, und es wird eine Zeit tiefer Dunkelheit hereinbrechen. Dann wird es schwierig werden zu schlafen, tags wie nachts ...» Seine Hellsichtigkeit ließ ihn voraussehen, was geschehen würde. Er hatte sich nicht getäuscht.

Zwischen 1912 und 1934 gab es keine chinesischen Beamten in Tibet. China nutzte jedoch den Tod des 13. Dalai Lama und schickte General Huang Mu-Sung an der Spitze einer offiziellen Delegation, die der tibetischen Regierung ihr Beileid bekunden sollte. Nach den Zeremonien bestand der General darauf, in Lhasa zu bleiben. Tsarong II. riet dem *Kashag*, dem General den Ehrentitel *Dzasa** (Lord) zu verleihen und ihn als Gleichgestellten zu behandeln. Der Regent Reting bat Tsarong II. inständig, wieder in den *Kashag* einzutreten, doch Tsarong lehnte ab, weil ihm zu viele Dinge in der Regierung missfielen. Der *Tsongdu* hatte Reting Rinpoche zum Regenten ernannt. Er stammte aus dem Kloster Reting im Nordosten von Lhasa, das im Jahre 1056 von Dromton erbaut worden war, einem Schüler von Atisha*, dem indischen Großmeister der Klosteruniversität Vikramalashila, der nach Tibet eingeladen worden war, um dort *Sutras** und *Tantras* zu unterrichten. Atisha starb im Jahre 1055, ohne in sein Heimatland zurückzukehren.

Der Tradition entsprechend und wie es auch bei seinen dreizehn Vorgängern geschehen war, machten sich die religiösen Würdenträger sogleich auf die Suche nach der Reinkarnation des Dalai Lama. Nachdem die Riten vollzogen waren, erschienen im Osten Wolken mit glückbringender Form. Das Staatsorakel* bot dem Wind seine *Kata* dar, und die flog nach Osten davon. Der Leichnam des Dalai Lama, der mit dem Gesicht nach Süden auf einem Thron gesessen hatte, wandte seinen Kopf nach einigen Tagen nach Osten. Schließlich las der Regent Reting in den Wassern des heiligen Sees bei Chokhor Gyal, dass der neue Dalai Lama im Osten des Landes gefunden werden würde. Mönche machten sich in dieser Himmelsrichtung auf die Suche nach dem Kind. Bald wurde es als der Sohn einfacher Bauern erkannt.

Seine Mutter, die später zu meiner Freundin wurde, erzählte mir einmal, dass seine Geburt von vielen Vorzeichen begleitet war. Das Vieh starb, ihr Mann war ein ganzes Jahr lang krank. Wissen Sie, *gesteht mir Dolma in vertraulichem Ton*, wir Tibeter betrachten uns als außergewöhnliches Volk. In unserem Land gibt es zahlreiche heilige Stätten. Unsere Kultur ist sehr alt. Wir leben auf dem Gipfel der Welt, und viele Flüsse Asiens entspringen in unserem Land. Lhasa, der Name unserer Hauptstadt, bedeutet «Ort der Götter». Lhasa ist von heiligen Bergen umgeben, die acht Glückssymbole tragen. Nur einer wird als Unglück bringend betrachtet, weil er von bösen Geistern bewohnt ist.

«Die Leute pflegen Tibet das ‹Dach der Welt› zu nennen. An einem Haus ist das Dach das Wichtigste, denn es schützt vor Unwetter und reguliert die Temperatur im Inneren. Wenn das Dach eines Hauses schadhaft ist, gerät die Innentemperatur aus dem Gleichgewicht. Außerdem hat eine internationale Expertenkommission festgestellt, dass Tibet geographisch das höchst gelegene Plateau der Welt ist und dass sein Klima und sein ökologisches Gleichgewicht für den Rest Asiens sehr wichtig sind ...»

(Der Dalai Lama)

Als das heilige Kind entdeckt wurde, stand die Provinz Amdo bereits unter chinesischer Kontrolle. Also musste die Sache geheim gehalten werden. Der Junge wurde für ein Jahr ins Kloster Kundun, «das Kloster der hunderttausend Bilder» gebracht, wo er der Fürsorge seines älteren Bruders, eines hohen Lama unterstand. Danach trat er die lange Reise nach Lhasa an. Die überglückliche Bevölkerung hatte sich an den Straßen versammelt, um ihren Herrscher zu empfangen. Ich sehe noch sein kleines rundes Gesicht bei seiner Ankunft in Lhasa vor mir: Durch die Vorhänge seiner Sänfte, die von fünfunddreißig Männern getragen wurde, betrachtete er aufmerksam und neugierig sein Volk, das ihn begrüßte. Er wurde in den Sommerpalast Norbulinka gebracht und von seiner Familie getrennt. Seine Mutter und seine ältere Schwester erhielten die Erlaubnis, ihn zu besuchen und ihm seine Lieblingsgerichte zu kochen. Seiner älteren Schwester, Tsering Dolma, brachte ich Englisch bei. Doch wir freundeten uns erst später im Exil an, als ich die Ehre hatte, die Mutter des Dalai Lama nach England zu begleiten, wo sie sich einer medizinischen Behandlung unterziehen musste.

Wie ich bereits sagte, war der Regent Reting nach dem Tod des 13. Dalai Lama in sein Amt eingesetzt worden. Zu diesem Zeitpunkt war er neunzehn Jahre alt. Er war aufgeweckt und liebenswürdig und regierte einige Zeit mit Geschick und Weisheit. Als enger Freund unserer Familie kam er abends oft zu uns, um mit Tsarong zu diskutieren und ihn um Rat zu fragen. Durch sein Amt war er zum Beschützer des Kind-Königs geworden. Er rasierte dem Jungen eigenhändig zum ersten Mal den Schädel, und zwar bei der Zeremonie, die dessen Aufstieg in den Rang eines Lama symbolisierte. Reting kümmerte sich in vorbildlicher Weise um den Jungen, doch eines Tages verliebte er sich in eine Frau. Da er sich deshalb unrein fühlte, reichte er spontan seinen Rücktritt ein. In der Hoffnung, die Situation weiter steuern zu können, übergab er sein Amt einem seiner besten Freunde, dem Lama Taktra. Unglücklicherweise stand Taktra unter dem Einfluss eines ruchlosen und ehrgeizigen Mannes. Freunde von Reting organisierten ein Komplott gegen Taktra, das jedoch scheiterte. Reting wurde verhaftet. Er unterbreitete dem jungen Dalai Lama seine Entschuldigung. Dennoch wurde er inhaftiert und starb auf rätselhafte Weise in seiner Zelle, wahrscheinlich wurde er vergiftet. Es war eine Zeit der Intrigen, die Regierung hatte ihre Kraft und ihre Integrität verloren. Leider wurde die Situation immer schlimmer.

Als im Jahre 1949 die Schwierigkeiten mit China begannen, war der junge Dalai Lama erst vierzehn Jahre alt. Die chinesische Armee war bereits nach Kham einmarschiert. Sie behauptete, China und dann auch Tibet vom Imperialismus befreien zu wollen. Besorgt entsandte der Regent Delegationen in die Vereinigten Staaten, nach Indien, England, Nepal und zu den Vereinten Nationen, doch ohne Antwort. Daraufhin forderte der *Tsongdu* den jungen Dalai Lama am 17. November 1950 auf, die volle Regierungsverantwortung zu übernehmen, und der Regent Taktra dankte ab. Aus Sicherheitsgründen wurde die Regierung in die Grenzstadt Yantung verlegt. Zur gleichen Zeit begleitete ich meinen Mann und zwei Offiziere, Tsi-pon Shakalopa und Tsechag Thubten Gyalpo, nach Delhi. Sie versuchten, Präsident Nehru davon zu überzeugen, dass China sowohl für Indien als auch für Tibet eine Bedrohung darstellte. Nehru riet ihnen, direkt mit dem chinesischen Botschafter zu verhandeln, doch die Gespräche blieben erfolglos. Die Chinesen beharrten darauf, dass Tibet als Teil Chinas zu betrachten sei. Währenddessen marschierten am 6. Oktober 1950 chinesische Truppen in Chamdo, der Hauptstadt der Provinz Kham ein. Eine tibetische Delegation reiste zu Verhandlungen nach Peking und wurde im Mai 1951 gezwungen, das 17-Punkte-Abkommen (siehe Anhang II) zu unterzeichnen. Sie erhielt nicht einmal Gelegenheit, sich mit dem Dalai Lama zu beratschlagen, der sich nicht in Lhasa aufhielt. Dieses Abkommen besiegelte den Verlust der Provinzen Kham und Amdo, räumte Tibet jedoch den Status einer autonomen Region innerhalb Chinas ein und bestätigte den Dalai Lama in seiner Position. Das Siegel der tibetischen Regierung wurde gefälscht und von den Chinesen selbst unter die vorgefertigten Dokumente gesetzt. Eine chinesische Delegation reiste nach Yantung und forderte den Dalai Lama auf, wieder in den Potala-Palast zu ziehen. Unsere Regierung tat ihr Bestes, um das Abkommen einzuhalten. Doch das wurde zunehmend schwierig, weil immer mehr chinesische Truppen ins Land kamen. Täglich strömten Tausende junger Soldaten nach Lhasa, die sich zwar sehr diszipliniert verhielten, aber von der chinesischen Regierung mit keinerlei Nahrung versorgt wurden.

Nach kurzem Schweigen fährt sie nachdenklich fort: Ich frage mich, was aus Lhasa geworden ist. Mit seinen zwanzigtausend Einwohnern war es eine sehr sympathische Stadt, die zu den großen Festlichkeiten und Zeremonien auch doppelt so viele Menschen aufnehmen konnte. Heute ist es wohl eine echte Großstadt mit hunderttausend Einwohnern und zusätzlich über sechzigtausend fest stationierten chinesischen Soldaten – insgesamt sind die Tibeter in der Minderheit[6].

Einer meiner Freunde war vor etwa sechs Monaten dort und hat mir nach seiner Rückkehr berichtet, dass Lhasa bis auf den Potala-Palast über der Stadt nicht wieder zu erkennen ist. «Dein Haus ist verschwunden, und das, in dem du geboren wurdest, ebenfalls. Das Haus deines Vaters, eines der schönsten Häuser der Stadt, soll demnächst abgerissen werden.» Ist das nicht traurig?

Wissen Sie, es ist auch traurig, zu wissen, dass der Potala, die himmlische Heimstatt von Chenrezig* und das Symbol seiner irdischen Manifestation, zu einem Museum gemacht wurde. Die Touristen bemerken nicht einmal, dass die Inschriften über dem Thron des Dalai Lama chinesisch sind,

----

6 Der Entwicklungsplan *Lhasa 2000* sieht 200 000 Einwohner vor, von denen drei Viertel Chinesen sein werden. Heute gibt es nur noch zwei tibetische Stadtviertel, die eher Ghettos gleichen. Die Mieten sind um das 10- bis 35-Fache gestiegen. (*Tibetan Review*)

nicht tibetisch. Dagegen ist es schön, zu wissen, dass noch immer Pilger kommen und Butterlampen anzünden, um den Dalai Lama zu verehren, obwohl sie dabei ihr Leben riskieren ... Es ist eine Schande, dass sich im Palasthof, dem *Deng Shar*, wo früher die heiligen *Cham**-Maskentänze stattfanden, heute Andenkenboutiquen und Karaokebars ausbreiten, deren grelle Neonreklamen die Kunden anlocken sollen, und dass man dort Drogen, Alkohol und Prostitution findet. Das ist ein weiteres niederträchtiges Mittel, um die Tibeter zu unterwerfen und ihre Würde zu verletzen, damit sie leichter zu kontrollieren sind. Unser architektonisches Erbe, die schönen Häuser des heiligen Pilgerviertels, des Barkhor, dessen enge Gässchen den Demonstranten Zuflucht boten, wird nach und nach zerstört und durch moderne, seelenlose Gebäude ersetzt. Mönche und Nonnen dürfen ihren Glauben nicht frei praktizieren. Sie müssen eine Erklärung in fünf Punkten unterschreiben, durch die sie sich verpflichten, «den Dalai Lama als spirituelles Oberhaupt zurückzuweisen; als Panchen Lama das von Peking ernannte Kind zu akzeptieren; anzuerkennen, dass Tibet schon immer zu China gehört hat; keine ‹separatistischen› Aktivitäten zu betreiben; auf die Unabhängigkeit zu verzichten; zu erklären, dass die tibetische Kultur nichts mit dem Buddhismus zu tun hat». Wer sich weigert zu unterschreiben, wird aus dem Kloster verwiesen, wer protestiert, wird gefangen gesetzt. Diese Praktiken sind entwürdigend und demütigend. Es ist beängstigend, zu hören, dass ganz unvermittelt mehrere große Lamas sterben und dass in den chinesischen Gefängnissen über tausend politische Gefangene dahinsiechen ...

«Wenn man die jungen Nonnen in den Straßen von Dharamsala beobachtet, wie sie mit festem und entschlossenem Schritt zum Namgyal-Tempel marschieren und dabei kichern wie kleine Mädchen, fällt es schwer, sich vorzustellen, dass sie gerade ihren Henkern entkommen sind. Sie sind gerettet, niemand wird sie mehr foltern und vergewaltigen. Niemand wird sie zwingen, einen Chinesen zu heiraten, um Kinder zu gebären, die später als Chinesen gelten ... Die Nonnen sind die bevorzugte Zielscheibe der Erzieher in den Klöstern geworden. Strafen werden verdoppelt, weil sie es gewagt haben, *Free Tibet* zu rufen, oder weil sie ihr Bett nicht korrekt gemacht haben. [...] Sie werden von ihren Gefängniswärtern oder mit dem Elektrostock entjungfert, manche werden gar den Hunden zum Fraß vorgeworfen. Sie brauchen einen grenzenlosen Glauben, um weiterzuleben, und darum benötigen sie im Exil vor allem Ruhe. Das Kloster ist einer dieser Orte ...»

Als die chinesischen Truppen in Lhasa einmarschierten, mussten wir auf Befehl der Regierung unsere Vorratskammern öffnen und unser Korn ausgeben. Am Anfang sagten die Soldaten sehr höflich, sie seien gekommen, um uns zu helfen, und würden in ihr Land zurückgehen, sobald wir gelernt hätten, auf eigenen Füßen zu stehen ... Sie behaupteten auch, sie wollten uns von den Ausländern befreien. Allerdings, *sagt sie lachend*, gab es damals im ganzen Land nur zwei Engländer, Mr. Robert Ford und seinen Assistenten, die Radio und Rundfunk aufbauen sollten!

In der chinesischen Armee dienten auch Tausende von jungen Frauen. Mir kamen sie für eine solche Aufgabe sehr jung vor. Auf Anordnung der Chinesen befahl der *Kashag*, dass ihnen fünf Lehrerinnen Tibetisch beibringen sollten. Im Dungchi Trokhang, dem Sommerhaus der Laienbeamten, wurde eine chinesische Militärschule eingerichtet. Ich wurde aufgefordert, dort zu unterrichten. Das gefiel mir gar nicht. Siebenmal lehnte ich ab. Dann kamen zwei sympathische Lehrer zu uns nach Hause, Mr. Liu und seine Frau, Professor Yu. Sie hatten an der *Yale University* in den Vereinigten Staaten studiert, und sie baten mich immer wieder: «*Please help us.*» Schließlich willigte ich ein. Ich hatte mindestens siebenhundert Schülerinnen. Nach einem Jahr wurden die Lius nach China zurückgeschickt, ihre Regierung traute ihnen nicht. Sie waren zu gebildet. Jeder, der Englisch sprach, wurde verdächtigt, probritisch oder proamerikanisch eingestellt zu sein.

Als ich am ersten Unterrichtstag all diese hübschen jungen Mädchen vor mir sah, ergriff mich Trauer über ihr Schicksal. Ich vermittelte ihnen meine Sprache mit ganzem Herzen, aufrichtig und geduldig. Sie waren menschliche Wesen wie wir alle. Ich war kaum vierzig Jahre alt und erinnerte sie vermutlich an ihre Mütter. Zwischen den Stunden brachten sie mir heißes Wasser, und wir tranken gemeinsam Tee. Sobald sie in unserer Sprache einigermaßen zurechtkamen, wurden sie durch eine neue Gruppe ersetzt. Wenn sie Freundschaft mit Tibetern schlossen, wurden sie in ein anderes Regiment verlegt. Abends nach dem Unterricht setzten sich die Lehrer zusammen und diskutierten über die beste Lehrmethode, ich lernte außerdem Chinesisch. Einige meiner Schülerinnen sind heute noch in Tibet, in hohen Posten. Manchmal laden sie mich zu einem Besuch ein, aber ich lehne immer ab, ich sage immer nein ...

Ende 1952 richteten die Chinesen Schulen für tibetische Kinder ein und riefen eine Patriotische Jugendvereinigung (*Patriotic Youth Association*, P.Y.A.) und kulturelle Vereinigungen ins Leben. Dann beschlossen sie, eine Frauenvereinigung (*Patriotic Women's Association*, P.W.A.) zu gründen, die unter ihrer Kontrolle stand. Bisher hatte es in Tibet keine öffentliche Frauenarbeit gegeben. Das war etwas Neues für uns. Die Schwester Seiner Heiligkeit, die Frauen der Minister und ich baten den Dalai Lama, beitreten zu dürfen. Die Schwester des Dalai Lama wurde zur Präsidentin ernannt und ich zur Generalsekretärin und Vizepräsidentin, was ich auch bis 1959 blieb. Die Gründung der P.W.A. wurde am 8. März, dem Internationalen Frauentag gefeiert. Jede von uns bekam einen Aufgabenbereich zugeteilt, der sie den ganzen Tag beschäftigte. Zu meinem Bedauern wurde ich von meinem Lehrauftrag befreit. Ich arbeitete in unserem neuen Büro, so gut ich konnte. Vielen unserer Frauen widerstrebte es, die politischen Schulungsabende der Chinesen zu besuchen. Ich wurde unter Druck gesetzt und musste sie ermutigen, regelmäßig an diesen Veranstaltungen teilzunehmen. Im Jahre 1953 musste ich vor chinesischen Soldatinnen eine dreistündige Rede halten. Ich nutzte die Gelegenheit, um über die tibetischen Frauen zu sprechen:

«Die tibetischen Frauen genießen große Freiheit. Damit ihre Männer dem Land dienen können, nehmen sie die Feldarbeit auf sich, kümmern sich um das Vieh und um die Herstellung von Butter und Käse. Sie können weben, malen, zeichnen und natürlich kochen, manche führen sogar einen Laden.

In unserer Geschichte gibt es einige Heldinnen, die ein Gewehr bedienen und kämpfen konnten. Die Frauen nehmen an religiösen Zeremonien teil, einige Nonnen wurden berühmte Gelehrte. Die tibetischen Frauen werden in allen Angelegenheiten um Rat gefragt. Ihrem Ehemann bringen sie große Achtung entgegen. Wenn er nach Hause kommt, stehen sie auf, um ihn zu begrüßen, und reichen ihm eine Tasse Tee. Der Brauch will es, dass die Männer höher sitzen als die Frauen. Doch die älteren Frauen sitzen niemals tiefer als die jüngeren Männer. Die Frauen haben ihren eigenen Kreis von Freundinnen, mit denen sie gerne tanzen und singen. Aber sie begleiten auch ihre Männer zu geselligen Abenden, und sie spielen mit den Männern Mahjong. Niemals in unserer Geschichte mussten die Frauen physisch oder seelisch leiden wie etwa in China, wo man den kleinen Mädchen die Zehen so eng verschnürt, dass sie ihr Leben lang nie wieder rennen können. Oder wie bei den Hindus, wo die Frauen *Sati* praktizieren, also ihrem verstorbenen Mann ins Grab folgen und sich bei lebendigem Leib verbrennen lassen. Moslemfrauen müssen sich verschleiern. Insgesamt haben die tibetischen Frauen bisher ein recht vergnügtes Leben geführt. Die Männer übernehmen die Schwerarbeit, allerdings immer in Abstimmung mit den Frauen: Der Mann bringt die Kraft ein, seine Frau die Klugheit. Beides zusammen führt auf jedem Gebiet zu fruchtbaren Ergebnissen.»

Die Chinesinnen hörten mir aufmerksam zu, gelegentlich machten sie sich Notizen. Am Schluss spendeten sie Beifall und bedankten sich bei mir, aber den Frauen der hohen Offiziere hatte meine Rede bestimmt nicht besonders gefallen. Jedenfalls brachten die Chinesen mir nie wirklich Vertrauen entgegen, weil ich Englisch konnte und einige westliche Gepflogenheiten angenommen hatte. In ihren Augen war ich eine probritische oder proamerikanische Spionin, und das, obwohl ich dreimal nach Peking gereist bin.

Meine erste Peking-Reise fand im Jahre 1955 statt. Mein Mann Jigme begleitete den Dalai Lama und eine Delegation von vierhundertfünfzig Abgesandten als offizieller Fotograf und Übersetzer zu einer Zusammenkunft der chinesischen Nationalversammlung. Für mich war diese Reise nach den zwei Jahren in der Militärschule eine willkommene Abwechslung. Sie fiel mit dem fünften Jahrestag der Volksrevolution zusammen, und wir sahen, wie das Volk Mao Tse-tung zujubelte.

Nach unserer Rückkehr aus China stellten wir fest, dass unsere Regierung allmählich an Autonomie einbüßte. Während der Dalai Lama im Ausland gewesen war, hatten die Chinesen die Ministerien für Verkehrswesen, Finanzen, Bildung, Landwirtschaft und Gesundheitswesen neu organisiert. Tatsächlich hatten sie die Autonome Region Tibet nach ihrem Belieben umstrukturiert.

Auf meiner zweiten Peking-Reise begleitete ich die Schwester des Dalai Lama, deren Sekretärin ich war, zu einer Frauenkonferenz. Beim dritten Mal, das war 1957, gehörte ich zur tibetischen Delegation für eine Frauenkonferenz, zu der Frauen aus ganz China erwartet wurden. In Peking besuchte ich zuerst meine jüngste Tochter Yangchen, die gemeinsam mit fünfhundert anderen tibetischen Kindern die Nationale Schule für Minderheiten besuchte. Da die Konferenz um einen Monat verschoben wurde, ließ man uns die Mandschurei, die Mongolei und Korea besuchen. In Korea erreichte mich die traurige Nachricht, dass meine älteste Schwester Pema Dolkar gestorben war. Ich wollte nach Lhasa zurück, doch das wurde mir nicht gestattet. Bei der Frauenkonferenz in Peking mussten unsere Delegierten eine Rede halten, die vollständig von unseren chinesischen Kolleginnen verfasst worden war! Am dritten Tag der Konferenz kam Mao Tse-tung, um sich im Garten mit uns fotografieren zu lassen. Danach verschwand er sofort wieder. Dann trafen wir General Chang Ching-Wu, der uns nach unserer Meinung zur Agrarreform fragte. Wir antworteten vorsichtig, die Reform sei möglicherweise durchaus eine gute Sache, werde aber von der Mehrheit unserer Landsleute nicht begrüßt. Er hatte sich wohl nur über uns lustig gemacht, denn gleich anschließend erklärte er, Mao Tse-tung habe beschlossen, diese Reform in Tibet noch sechs Jahre auszusetzen.

Auf dieser Reise hatte ich auch Kontakt zu Ausländern. Die Chinesen rügten mich deswegen und ließen durchblicken, dass sie mir keinerlei Vertrauen entgegenbrachten. Sie sind ein sehr misstrauisches Volk … In Wirklichkeit waren wir einfach besorgt um unser Land, denn wir fühlten uns völlig allein. Die Amerikaner und sogar Präsident Nehru, in den Seine Heiligkeit große Hoffnungen setzte, hatten uns im Stich gelassen …

Als ich 1957 nach Tibet zurückkam, hatte sich die Stimmung in Lhasa völlig verändert. Anfangs hatten die Chinesen zum Beispiel Fanfaren geblasen, wenn Seine Heiligkeit den Potala-Palast verließ, sie waren von ihren Pferden abgestiegen und hatten sich verbeugt, wenn er vorbeiging ... Inzwischen blieben sie einfach auf den Pferden sitzen, und sie betraten und verließen den Potala, wie es ihnen gefiel, ohne jeden Respekt. Einige chinesische Arbeiter, die mit uns Freundschaft geschlossen hatten, versteckten sich, wenn wir ihnen auf der Straße begegneten, damit sie uns in der Öffentlichkeit nicht grüßen mussten. Als zehntausend Flüchtlinge aus Kham und Amdo in Lhasa ankamen, spitzte sich die Lage weiter zu. Wir hatten keine Nahrungsvorräte mehr, die wir ihnen hätten geben können. Die Chinesen hatten die Khampas aufgefordert, ihre Waffen abzugeben, und das ist das Schlimmste, was man von einem Khampa verlangen kann, denn er lebt nur für sein Pferd und seine Pistole. Die Chinesen zerstörten Klöster, und um die Khampas zu demütigen, legten die Chinesen ihnen Pferdetrensen in den Mund und ließen sie hinter ihren Pferden herrennen, außerdem wiegelten sie die Gefolgsleute gegen ihre Herren auf.

Schließlich konnten die Khampas diese Beleidigungen nicht länger hinnehmen und begannen, in ganz Kham unter der Führung von Asuktsang organisierten Widerstand zu leisten. Trotz dieser Spannungen hätte ich niemals damit gerechnet, dass sich die Dinge so dramatisch entwickeln würden, wie es dann der Fall war. Wissen Sie, die Chinesen waren Tibet noch nie mit so viel Gewalt begegnet. Anfangs glaubte ich noch, es könne eine Verhandlungsbasis gefunden werden, doch schließlich verlor ich mein Vertrauen in die Chinesen. Das war auch die Zeit, in der sie begannen, unsere Aristokraten und unsere religiösen Würdenträger lächerlich zu machen. Sie behandelten uns wie Dummköpfe und behaupteten, wir würden das Volk ausbeuten, und deshalb müssten sie unsere Regierung kontrollieren.

Die Sonne geht unter, und es wird Zeit, dass ich mich von Frau Taring verabschiede. In Gedanken gehe ich die Ereignisse vom März 1959 noch einmal durch: Der junge 14. Dalai Lama hatte kurz vor den Losar-Feierlichkeiten seine letzten Metaphysik-Examen abgelegt. Die Chinesen luden ihn ein, ohne Eskorte eine Theateraufführung in ihrem Hauptquartier außerhalb der Stadt zu besuchen. Das Volk hatte von dieser Einladung gehört und befürchtete das Schlimmste. Am 10. März versammelten sich die Tibeter spontan vor dem Sommerpalast des Dalai Lama, dem Norbulinka, und riefen antichinesische Parolen. Sie wählten ein Befreiungskomitee Tibets und kündigten noch am gleichen Abend das 17-Punkte-Abkommen, das die Chinesen gebrochen hatten. De facto war der Krieg erklärt. Um das Volk zu beruhigen, entschied der Dalai Lama, der Einladung ins chinesische Militärlager nicht nachzukommen. Die Chinesen reagierten verärgert und drohten ihm. Der Gouverneur Ngawang Ngabo verließ das chinesische Hauptquartier nicht mehr, er versuchte, zwischen dem Dalai Lama und den Chinesen zu vermitteln, um Zeit zu gewinnen. Die Situation verschlechterte sich stündlich. Die tibetische Regierung, im Grunde nur noch eine Marionette, durfte ihr Oberhaupt, den Dalai Lama, nicht verlieren. Das hätte das Ende des autonomen Tibet bedeutet. So kam es, dass der Herrscher Tibets am Abend des 17. März 1959 in Zivilkleidung, unter der Führung und dem Schutz treuer Khampas, begleitet von seiner Familie und von ausgewählten Kabinettsmitgliedern, in aller Heimlichkeit seinen Palast ver-

ließ. Das Volk wusste nichts von dieser Flucht. Im Glauben, ihn dadurch zu schützen, blieb es vor dem Norbulinka versammelt. Am Morgen des 19. März wurden rund um die Stadt chinesische Panzer postiert, und die Chinesen eröffneten das Feuer. Ohne zu wissen, ob sich der Dalai Lama noch im Palast befand, beschossen sie den Norbulinka. Das Massaker dauerte drei Tage. Als die Panzer begannen, die heiligen Tore des Jokhang-Tempels ins Visier zu nehmen und zu zerstören, ergaben sich die Tibeter. Die Straßen von Lhasa waren mit Leichen übersät. Tausende Tibeter, bevorzugt Lamas und Gelehrte, ungefähr ein Viertel der Bevölkerung, wurden in Behelfsgefängnisse geworfen. Achtzigtausend folgten dem Dalai Lama ins Exil. Die Empörtesten schlossen sich den Khampa-Rebellen an, die den Aufstand angeführt hatten und sich nicht ergaben[7].

Frau Tsaring nimmt ihren Bericht am nächsten Morgen nach dem Frühstück wieder auf.

Am 8. März 1959, dem Tag der Frauen, nahm ich an einer Versammlung im Potala teil. Wir erfuhren, dass Seine Heiligkeit sich ins Hauptquartier der Chinesen begeben sollte. Wir

....

7 Nach den Angaben der tibetischen Exilregierung wurde ein Sechstel der Bevölkerung erschossen, erhängt, erdrosselt, ertränkt, in kochendes Wasser geworfen, lebendig vergraben, enthauptet, ausgehungert, verstümmelt oder lebendigen Leibes verbrannt. Sechstausend Geistliche starben in Arbeitslagern, im Gefängnis oder auf dem Weg ins Exil. Noch heute siechen viertausend Tibeter, darunter Hunderte von Geistlichen, wegen ihrer Überzeugungen im Gefängnis dahin, und jeder zweite Tibeter hat zehn bis zwanzig Jahre im Gefängnis oder im Arbeitslager verbracht.

alle waren sehr beunruhigt. Den Chinesen war nicht zu trauen. Nach der Versammlung suchte ich sofort Tsarong auf und sagte ihm, dass sich die Lage von Stunde zu Stunde verschlechtere. Er war ebenfalls sehr beunruhigt. Wir diskutierten eine Weile. Ich sollte ihn nie wieder sehen. In Indien erfuhr ich, dass er festgenommen und inhaftiert worden war. Er starb noch im gleichen Jahr. Sein Haus wurde beschlagnahmt und in ein Frauengefängnis umgewandelt.

In der folgenden Pause erinnert Frau Taring sich an die Zeit, in der die Menschen von überall zusammenströmten, um den Jahreswechsel zu begehen. Ganz Lhasa feierte, die Stadt war hell erleuchtet. Ihre Augen ruhten verträumt auf dem Potala-Palast, und sie sieht vor sich, wie genau in dem Augenblick, als der Vollmond aufging und das Land in sein fahles Licht tauchte, die leuchtenden Funkengarben des Feuerwerks emporstiegen und sich mit den Sternen vermengten. Sie erinnert sich an den Eifer der Dienerinnen, die alle Räume auf Hochglanz putzten und zur Läuterung Weihrauch und Kräuter verbrannten. Sie sieht vor sich, wie Frauen und Männer gemeinsam die Gebetsfahnen auf den Hausdächern austauschten, damit der Wind die neuen Wünsche mit sich tragen konnte. Sie hört noch das Lachen der Frauen, die für die Gottheiten und die Gäste Berge von Kapse* zubereiteten. Die frisch gemahlene Tsampa und das eigens gebraute Chang schmeckten an diesem Tag besonders gut. Mit geneigtem Kopf erinnert sie sich an die Mönche, die aus ihren Klöstern heruntergekommen waren, um im Jokhang-Tempel die Schutzgottheiten Tibets anzurufen. In den Häusern wurden auf einem Holzbrett grobe Bildnisse der schädlichen Dämonen aufgestellt, die am letzten Tag des Jahres von einem der Familie

nahe stehenden Mönch an eine Stelle getragen wurden, an der
vier Wege zusammentrafen.

Am folgenden Tag, am Morgen des ersten Tages, des *Losar*,
war unsere ganze Familie im Gebetsraum versammelt, um
die Schutzgottheiten um ein gedeihliches neues Jahr und um
himmlische Ruhe für die Verstorbenen zu bitten. Nach den
Gebeten waren wir alle voller Freude. Wir tauschten unser
«*Tashi Delek*» aus und legten uns gegenseitig *Katas* um den
Hals. Danach sollte ich Jigme in den Potala-Palast begleiten,
wo der Dalai Lama die Regierungsmitglieder empfing. Wir
nahmen zu Füßen Seiner Heiligkeit auf der obersten Palast-
terrasse Platz, und Er sprach persönlich das Gebet. Es war
sehr kalt dort oben, doch niemand rührte sich, alle konzen-
trierten sich auf das Gebet des Gedeihens für das neue Jahr.
Am nächsten Morgen begaben wir uns zum Jokhang-Tempel, um das Staatsorakel, den Geistlichen zu sehen, der für
die Festlichkeiten aus dem Nechung-Kloster gekommen war.
In Trance sagte er die wichtigsten Ereignisse voraus …

Ich sehe die Menschenmenge noch vor mir, wie sie auf
dem Vorplatz des Jokhang Gebete sprach. Ich bestaunte die
Opfergaben, die an den vier Tempeltoren aufgeschichtet waren, dann betrat ich den Hof und warf mich vor Padmasambhava und Maitreya, dem Buddha des nächsten Weltzeitalters, zu Boden. Danach kniete ich vor Palden Lhamo
nieder, der Dame mit dem Maultier, der Schutzherrin der
Dalai Lamas. Im Allerheiligsten empfing ich den Segen des
historischen Buddha Jowo*, der heiligsten Statue Tibets, die
zwölf Jahrhunderte des Glaubens in einem lebendigen Volk
repräsentiert. Und schließlich nahm ich an den drei Wochen

dauernden *Molam*-Zeremonien, dem Großen Gebetsfest teil. Der eurhythmische und uranfängliche Klang der Gebete durchdrang die Stadt und bekräftigte deren Zugehörigkeit zum Buddhismus und zu dessen geistigem Führer, dem Dalai Lama. Ich gesellte mich zu den Pilgern, die sich vor einer der drei Säulen am Eingang des Jokhang-Tempels verneigten, und las mit ihnen noch einmal den in den Stein gravierten Freundschaftsvertrag zwischen China und Tibet, der im Jahre 822 unter König Ralpachen abgeschlossen worden war, und zwar nach der berühmten Debatte im Kloster Samye, bei der in den Jahren 792 bis 794 chinesische und indische Gelehrte über ihre jeweilige Buddhismus-Auffassung diskutiert haben. Am Ende der Debatte sollte der Unterlegene das Land verlassen. Die indische These setzte sich durch, und die chinesischen Gelehrten kehrten in ihre Heimat zurück. Dieser Vertrag besagt: «Tibet und China werden sich an die Grenzen halten, die sie jetzt innehaben. Alles im Osten ist das Land von Groß-China, und alles im Westen ist das Land von Groß-Tibet. Fortan wird keine Seite Krieg führen oder sich Gebiete aneignen.»

Mit einer Miene, die Milde und Vergebung ausdrückt, äußert Rinchen Dolma einen Wunsch: Möge es mir vergönnt sein, eines Tages noch einmal Neujahr in Lhasa zu erleben. Ich weiß, ich bin alt und habe nur noch wenige Jahre zu leben. Andernfalls möge Bodhisattva* geben, dass meine nächste Inkarnation in Tibet stattfindet.

Unmittelbar nach dem Aufstand vom 10. März 1959 versammelten sich die Frauen aus dem Vok am 12. März spontan zu einer großen Kundgebung, bei der sie antichinesische Parolen riefen. An diesem Tag wurde ich von der P.W.A.

zum Potala gerufen. Die Anführerin der Proteste, Tsarongs Nichte, so bekannt wie Ihre Johanna von Orléans, beauftragte mich, den indischen Generalkonsul um Hilfe zu bitten, was ich sofort tat, doch ohne Erfolg. Die Frauen von Lhasa bevölkerten die Straßen, sie beklebten sämtliche Mauern der Stadt mit antichinesischen Slogans und demonstrierten auf dem *Barkhor*. Die Geschäfte blieben geschlossen. Auf den Hausdächern standen chinesische Soldaten, die mit ihren Maschinengewehren auf uns zielten und drohten, sie würden schießen, wenn wir nicht auseinander gingen. Am 17. März eröffneten sie das Feuer, und die Frauen mussten sich zerstreuen. Tausende wurden verhaftet. Eine von ihnen, Pamo Kusang (Pamo bedeutet «Held»), ließ uns eine Silbermünze mit einer Botschaft zukommen: Wir sollten den Mut nicht verlieren, sie habe ihn auch nicht verloren … Sie ist als ein Exempel des tibetischen Frauenwiderstandes in unsere Geschichte eingegangen.

Pamo Kusang war Mutter von sechs Kindern. Sie führte ihre Aktionen auch nach ihrer Verhaftung im Gefängnis fort. Keine der Misshandlungen, die ihr zugefügt wurden, konnte ihren Widerstand brechen oder ihre Überzeugungen erschüttern. Es wird berichtet, dass man ihr eines Tages nach besonders unmenschlichen Folterungen befahl, ihre *Chuba* abzulegen und stattdessen die Gefängnisuniform anzuziehen. Diese alte schwarze *Chuba* trug sie seit ihrer Verhaftung. Sie hatte sie so oft geflickt, dass die ursprüngliche Farbe nicht mehr zu erkennen war. In den Kragen hatte sie heimlich ein Bild des Dalai Lama eingenäht. Sie antwortete den Wachen: «Ich werde diese *Chuba* niemals ausziehen, und ich hoffe, sie wird eines Tages in einem Museum ausgestellt als Zeugnis für das, was ihr uns antut. Für mich symbolisiert sie den festen Entschluss, die chinesische Oberherrschaft niemals anzuerkennen. Ich beabsichtige, sie bis zu meinem Tode zu tragen.» Ihre Worte wurden der Gefängnisleitung hinterbracht, und am folgenden Tag kamen die Wachen mit dem gleichen Befehl wieder. Da sie sich noch immer weigerte, rissen sie ihr die *Chuba* mit Gewalt vom Leib und verbrannten sie vor ihren Augen. Die Asche verstreuten sie im Wind. Einige Zeit später wurde Pamo Kusang, weil sie eine Kundgebung organisiert hatte, ins Gefängnis Drapchi verlegt, wo sie erneut Verhöre und Misshandlungen über sich ergehen lassen musste ebenso wie die Frauen, die sich ihr angeschlossen hatten. Die Chinesen machten sich einen Spaß daraus, direkt neben ihren Ohren Schüsse in die Luft abzugeben. Ihre Trommelfelle platzten, aber nichts konnte sie dazu bewegen, ihr Schweigen zu brechen. Pamo Kusang nahm die volle Verantwortung für die Kundgebung auf sich. Dank dieser mutigen Haltung wurden einige ihrer Mitkämpferinnen freigelassen, sie selbst wurde jedoch mit drei anderen Inhaftierten zum Tode verurteilt. Ihre Hinrichtung wurde eine Woche lang geheim gehalten. Am Tag ihrer Hinrichtung hatte Pamo Kusang ein Ohr verloren, außerdem war ihr bei den Folterungen sämtliches Haar ausgerissen worden. Trotz allem fand sie nach dem ersten Schuss noch die Kraft, sich aufzurichten und zu rufen: «**Freiheit für Tibet!**»

In Lhasa herrschte großes Durcheinander. Ich flüchtete mich in den Norbulinka zur Schwester Seiner Heiligkeit, Tsering Dolma. Sie schlug mir vor, ich solle sie nach Indien begleiten, aber ich wollte meine Schwiegermutter und meine vier Enkel nicht im Stich lassen, deren Eltern sich in Indien befanden. Da bot mir Tsering Dolma an, ich könne im Wohnhaus ihrer Mutter bleiben, das nicht weit entfernt lag. Mit dem Motorrad kam auch mein Mann Jigme dorthin, und wir diskutierten die ganze Nacht über unsere Lage. Er fürchtete einen Verrat seitens der Chinesen, doch ohne Befehle der Regierung konnte er nichts unternehmen. Am folgenden Nachmittag versuchte ich, mit meinem Diener Tashi nach Lhasa zurückzukehren, aber die Hauptstadt war von chinesischen Panzern abgeriegelt. Also bemühte ich mich, das Kloster Drepung zu erreichen. Das war mein Glück, denn der Palast, in dem ich hätte schlafen sollen, wurde in dieser Nacht dem Erdboden gleichgemacht. Im Kloster durfte ich nicht bleiben, doch ich fand Unterkunft bei Tema, einer Seherin, die zu unserer Familie gehörte.

In der gesamten Stadt herrschte helle Aufregung. Trotz des Gedränges fand mich ein Diener meines Mannes. Er brachte mir eine Nachricht von Jigme, in der dieser mir mitteilte, dass der Dalai Lama geflohen war. Mein Mann riet mir, die Stadt sofort über die Handelsstraße zu verlassen und weiterhin so zu entscheiden, wie es mir für mich am besten schien. Auf keinen Fall solle ich versuchen, ihn zu treffen. Trotzdem versuchte ich noch einmal, nach Lhasa zu gelangen, diesmal über einen kleinen Pass. Man musste aber einen chinesischen Wachposten passieren. Die Nacht brach herein. Meine zwei Diener liefen vorneweg und ich als Bäuerin verkleidet hinterher. Wir begegneten zwei Mönchen, und ich bat sie, mich als ihre Mutter auszugeben und ins nächste Dorf zu begleiten. Leider trug ich an jenem Tag wunderschön bestickte Stiefel, und als wir den Wachposten passierten, muss eine junge Händlerin meine Aufmachung bemerkt haben, denn sie beobachtete mich genau. Aber ich kam durch und erreichte unser Gut in Gyatso. An jenem Abend sprach ich lange mit meiner Schwiegermutter. Ich wusste, wenn ich in Lhasa bliebe, würde man mich verhaften und ins Gefängnis werfen. Mit ihrem Einverständnis entschied ich mich schweren Herzens, ins Exil zu gehen. Aus Sicherheitsgründen schlief ich in dieser Nacht im Haus der Bediensteten. Ich bat sie, mir zwei Ponys und zwei gute Maultiere zu besorgen. Dann schickte ich Tashi, den Diener meines Mannes, in die Stadt zurück, und bat ihn, meinen ältesten Enkel herzubringen. Am folgenden Morgen brachen wir mit der Dienerin, die die beiden Ponys besorgt hatte, zum Gut Seiner Heiligkeit in der Nähe des Norbulinka auf. Mir war das Herz schwer, denn ich wusste nicht, wann ich Jigme, meine Töchter und meine Enkelkinder wieder sehen würde. Unterwegs bestätigte mir die Dienerin, dass der Dalai Lama tatsächlich nach Indien geflohen war und dass mein Schwager, Tsering Chodons Vater, zur Eskorte Seiner Heiligkeit gehörte … Bevor wir Gyatso verließen, schlüpfte ich in eine *Chuba* der heiligen Ani Lochen, die ich mitgenommen hatte, und schlug der Dienerin vor, meine schöne *Chuba* gegen ihre einzutauschen, die aus grobem Stoff gefertigt war. Sie war einverstanden, und ich bedankte mich herzlich bei ihr.

Ich wusste, dass auf dem Gut Seiner Heiligkeit bei Maling niemand im Haus untergebracht werden durfte. Also bat ich darum, dass man mir ein Bett im Stall aufstellte. In Anbetracht der Umstände bestand der Gutsverwalter aber darauf, dass ich im Haus und in einem richtigen Bett schlief. Außerdem bewirtete er uns mit einem üppigen Mahl. Tashi, der Diener meines Mannes, kam mit zwei weiteren Mulis, meinem Gebetbuch, Decken und Vorräten zurück. Mein Enkel war nicht bei ihm, denn mein Mann war nicht damit einverstanden gewesen, dass er mit mir ging. Jigme konnte mich an diesem Abend nicht treffen. Ich schrieb ihm einen Brief, in dem ich ihm meine Entscheidung mitteilte, über Bhutan nach Indien zu fliehen. Ich beteuerte ihm meine Liebe und erklärte, ich hoffe, ihn in Indien wieder zu sehen. Ich war fünfzig Jahre alt und hatte das Gefühl, an der Schwelle zu einem neuen Leben zu stehen.

Gegen zwei Uhr morgens weckte mich ein Granateneinschlag, dem noch viele weitere folgten. Der Norbulinka wurde beschossen. Als das Bombardement gegen Morgen endlich aufhörte, bereitete ich trotz der Befürchtungen des Gutsverwalters meinen Aufbruch vor. Überall herrschte Angst, aber ich blieb ruhig. Über Nacht waren die Maultiere verschwunden, sicher hatten die Khampa-Krieger, die in der Nähe lagerten, sie mitgenommen. Der Gutsverwalter überließ uns sein Pony. Mit Tränen in den Augen verabschiedete er sich von uns, und wir brachen auf ...

In der Nähe der Nethang-Klippe sahen wir auf dem Berg oberhalb der Straße zahlreiche Khampas und Einheimische. Mein Pony kam nur langsam voran. Da Tashis Maultier schneller war, schickte ich ihn voraus. Wenn er aufgehalten würde, sollte er sagen, wir seien nach einem Besuch bei Verwandten in Drepung auf dem Heimweg nach Chusul. Als ich Tashi einholte, sah ich, dass er in ein Handgemenge mit Khampas verwickelt war. Ich sprang von meinem Pony und rief: «Schlagt meinen Sohn nicht, wir sind nur auf dem Rückweg nach Chusul. Nutzt eure Kräfte doch lieber, um gegen die Chinesen zu kämpfen.» Doch sie hielten uns für

Spione und brachten uns zu ihrem Anführer. Sie durchsuchten unser Gepäck, fanden aber nur Tee und Kaffee. Trotzdem beschlossen sie, uns in ihr Hauptquartier zu bringen, das zwei oder drei Meilen entfernt war. Die langsame Gangart meines Ponys regte sie auf. Sie schlugen es, damit es schneller lief. Das gefiel mir gar nicht. An einer kleinen Brücke strauchelte mein Pony, ich fiel herunter und verletzte mich leicht im Gesicht. Als wir das Hauptquartier erreichten, ein zweistöckiges Haus, das man beschlagnahmt hatte, blieb Tashi draußen bei den Tieren. Ich ging hinein, begrüßte die Männer, die auf Matten saßen, und wandte mich an den stellvertretenden Anführer. Ich erklärte ihm, warum wir hier waren. Er erkannte mich sofort, ich hingegen konnte mich an ihn nicht erinnern. Er hieß Rabje. Er schenkte mir eine Tasse Tee ein und sagte: «Sie haben wirklich kein Glück, gnädige Frau. Wenn Sie zwei Tage früher gekommen wären, hätten Sie sich dem Gefolge Seiner Heiligkeit anschließen können. Die Gruppe wurde von fünfzig Khampas eskortiert, und Sie hätten ohne weiteres Ihre Enkelkinder mitnehmen können. Wo wollen Sie von hier aus hin?» Ich antwortete: «Nach Bhutan, und ich möchte mit Ihrem Hauptmann sprechen.» Der Hauptmann hielt sich am anderen Flussufer auf. Bis zu seiner Rückkehr brachten sie mich in einem kleinen Raum dicht neben dem Zimmer des Hauptmanns unter. An der Wand hing ein Bild des Dalai Lama, eingerahmt von einer weißen *Kata*. Das nahm ich als gutes Vorzeichen, ich sagte mir: «Du wirst Indien erreichen und Seine Heiligkeit wieder sehen.»

Am nächsten Tag mussten wir uns gedulden, bis um neun Uhr abends der Anführer mit seinen völlig durchnässten

Männern eintraf. Er ließ mir ausrichten, ich solle unverzüglich mit dreihundert Khampas nach Gongar aufbrechen, wo er mich empfangen würde. Die Khampas ritten kräftige Pferde, wie sollte mein Pony mit ihnen Schritt halten können? Nun, nach vierstündigem Ritt unter funkelndem Sternenhimmel rasteten wir im Dorf Jangto, wo man uns in einem Stall unterbrachte. Ich machte mir große Sorgen und fand keinen Schlaf. Noch im Dunkeln brachen wir am nächsten Morgen wieder auf. Der Tag war kaum angebrochen, als wir Laksam erreichten, am Ufer des Kyichu-Flusses, den wir mit der Fähre überquerten. Die Khampa-Guerilleros waren sehr höflich und ließen mich als Erste einsteigen. Das Boot war dann mit etwa zwanzig Männern und Pferden besetzt. Rabje, der mit uns geritten war, riet mir, ins Chaksam-Kloster hinaufzusteigen, um dort mit dem Hauptmann zu sprechen. Dieser war jedoch so beschäftigt, dass er mich nicht empfangen konnte. Also ritten wir mit etwa sechzig Khampas weiter, die anderen hatten sich zerstreut … Unterwegs versuchte ich, Informationen über die Lage in Lhasa zu erhalten. Ich fragte mich, ob Jigme getötet worden war, ob meine Schwiegermutter und meine Enkel noch lebten. Inbrünstig betete ich zu meiner Schutzherrin Dolma, damit sie ihren Schutz auch auf meine Familie ausdehnte.

Während wir am Kyichu entlang ritten, sah ich die Berge von Lhasa, und mein Herz weilte bei allen Kindern der Stadt. Am Nachmittag erreichten wir Gongar. Rabje, der uns begleitet hatte, brachte uns in einem kleinen Haus im Dorf unter und versprach, er werde mich holen, sobald der Hauptmann Zeit für mich habe. Tashi setzte Wasser auf, und an diesem Abend aßen wir Kartoffeln. Ich trank ein wenig von meinem kostbaren Kaffee. Wir bekamen Besuch von einem höflichen alten Bauern. Während wir über die jüngsten Ereignisse sprachen, sagte er plötzlich: «Schwarze Wolken haben sich über uns zusammengeballt, doch in dem Augenblick, als der Dalai Lama seinen Palast verließ, erhob sich ein Sandsturm. Das ist das Zeichen, dass die Götter über ihn wachen.» Er erzählte auch, dass der Dalai Lama wenige Tage vor uns durch ihr Dorf gezogen sei. Er habe sie gesegnet und ihnen erklärt: «Es ist besser für mich, zu fliehen, als von den Chinesen verhaftet zu werden. Ich hoffe, ich kann bald heimkehren.»

Gegen Mitternacht kam der Koch, um mir zu sagen, der Hauptmann sei nun allein, und ich könne ihn sprechen. Zur Begrüßung überreichte ich ihm eine weiße *Kata*. Er war ein junger Mann Mitte dreißig. Er bat mich, Platz zu nehmen, und beglückwünschte mich zu meiner Flucht. Allerdings musste er mir mitteilen, dass mein Mann sich nicht in der Eskorte des Dalai Lama befand. Er wollte mir einen Begleitbrief mitgeben, mit dem ich problemlos nach Indien gelangen würde, worauf ich ihm entgegnete, ich wollte aber nach Bhutan. Er antwortete: «Ich glaube nicht, dass die Bhutanesen Ihnen gestatten werden, ihr Land zu durchqueren.» Ich erklärte ihm, dass die Königin von Bhutan Jigmes Cousine war und die Frau des Premierministers eine von Tsarongs Töchtern. Ich bat ihn inständig, mir eine Khampa-Eskorte zur Verfügung zu stellen. Das lehnte er jedoch ab. Er brauche all seine Männer im Kampf gegen die Chinesen. Er händigte mir einen Begleitbrief aus, in dem er alle Khampas, denen ich unterwegs begegnen würde, anwies, mir zu helfen, und beauftragte einen Dorfbewohner, uns zu führen. Zu dritt brachen wir am nächsten Morgen auf. Wieder konnte ich in der Ferne die Berge unserer heiligen Stadt sehen. Wir marschierten Stunde um Stunde am herrlichen Yamdok-See entlang, ohne einer Menschenseele zu begegnen. Es war ein wunderbarer Frühlingstag, doch mein Herz war schwer …

Wir brauchten sechs Tage, um das Dorf Longdong an der Grenze nach Bhutan zu erreichen, das unterhalb des Gletscherpasses über den achttausend Fuß hohen Monla Kachung liegt. Normalerweise wurde dieser gefährliche Pass nur im Sommer benutzt, aber es war der kürzeste Weg nach Bhutan. Vor Longdong wurden wir von der Leibgarde Seiner Heiligkeit aufgegriffen, die den Befehl hatte, jeden, den sie traf, zurückzuschicken. Nur mit Mühe konnte ich sie überreden, uns ziehen zu lassen. Zum Glück war ihr Hauptmann ein Schüler von Jigme gewesen. Er erkannte mich, und wir durften weiter. Bevor wir uns verabschiedeten, sagte mir der Hauptmann, Seine Heiligkeit sei wohlbehalten in Indien angekommen. Auch er bestätigte mir, dass Jigme nicht zur Eskorte gehörte. Er fügte hinzu: «Sorgen Sie sich nicht, gnädige Frau. Ihr Gatte ist ein kluger Mann, er wird eine Fluchtmöglichkeit finden.» Bevor wir aufbrachen, schenkte ich jedem als Dank ein Stück von Ani Lochens *Chuba*, das vor Gewehrkugeln schützen sollte.

Die Einwohner von Longdong waren sehr freundlich, sie brachten uns Essen und schenkten uns Proviant. Sie erzählten mir: «Sie haben kein Glück, gnädige Frau. Wären Sie zwei Tage früher gekommen, hätten Sie sich dem Hohen Lama Gyalwa Karmapa anschließen können. Es wäre viel einfacher für Sie gewesen, mit ihm und seiner Eskorte zu reisen. Er hatte beinahe hundert Ponys und Yaks als Packtiere dabei, die einen festen Pfad durch den tiefen Schnee trampelten. Die tiefen Spalten im Schnee sind sehr gefährlich. Oft stürzen die Lasttiere mitsamt dem Gepäck hinein. Man kann nichts tun, um sie zu retten. Erst im Sommer ziehen wir sie an Seilen herauf und bergen das Gepäck.»

Ich war fest entschlossen, den Aufstieg zu versuchen. Früh am nächsten Morgen machten wir uns auf den Weg. Schon am Fuß des Berges waren wir so durchgefroren, dass Tashi ein Feuer anzündete. Wir waren gerade dabei, unseren dampfenden Tee zu trinken, als ich das Läuten von Yak-Glocken zu hören glaubte. Tatsächlich sahen wir gleich darauf zwei Männer vom Pass herunterkommen. Als sie uns erreicht hatten, fragte ich sie nach dem Zustand des Weges. «Ein Schneesturm hat alle Spuren verweht», antworteten sie. Beunruhigt bat ich sie, uns zu führen, doch sie waren so erschöpft, dass sie nicht umkehren wollten. Schließlich bot ich jedem 100 Yuan. Einer ging darauf ein, der andere wollte mit den Yaks nach Hause ins Tal. Zu viert begannen wir also den Aufstieg … sechs Stunden anstrengender Marsch durch Schnee und Kälte. Die entkräfteten Maultiere machten ständig Seitensprünge und brachten dadurch immer wieder ihr Gepäck aus dem Gleichgewicht.

Ich war völlig erschöpft, doch ich zwang mich durchzuhalten. Langsam, ganz langsam kamen wir voran. Das Wetter hatte aufgeklart, es schneite nicht mehr. Schließlich erreichten wir gegen zwei Uhr nachmittags den Pass. Der Dorfbewohner und unser Bergführer kehrten gleich wieder um und gingen zurück nach Tibet. Tashi und ich blieben allein in dieser unermesslichen Weite. Wir begannen den Abstieg nach Bhutan, in die Freiheit. Ich war völlig entkräftet, es schien mir noch weit, so weit. Der treue Tashi nahm mich bei der Hand und führte mich. Allmählich wurde die Schneedecke dünner, und wir erreichten unsere nächste Station: eine Höhle. Sie war sehr tief, aber so niedrig, dass wir nicht aufrecht stehen konnten. Tashi machte Feuer und bereitete einen Tee mit frischer Tsampa, die uns die Dorfbewohner mitgegeben hatten. Wir aßen schweigend. Mir taten die Maultiere Leid, die draußen im Schnee bleiben mussten. Dicke Tränen liefen mir über die Wangen. Ich weinte vor Erschöpfung.

Am nächsten Morgen erwachten wir bei Tagesanbruch und nahmen den Abstieg wieder auf. Am Nachmittag mussten wir rasten, wir waren am Ende unserer Kräfte. Hinter einer Mauer fanden wir etwas Schutz. Wieder hörten wir Yak-Glocken, ein gutes Vorzeichen. Bald sah ich etwa dreißig Tiere, die von zwei Männern getrieben wurden. Bei uns hielten sie an und grüßten. Wir fragten sie, wohin sie wollten: «Wir gehen nach Hause, gnädige Frau. Wir haben das Gepäck von Gyalwa Karmapa Rinpoche nach Stampa gebracht, das ist gar nicht mehr weit. Schauen Sie, von hier aus sehen Sie Karmapas Ponys, die friedlich im Wald grasen. Er hat sein Lager auf der anderen Seite des Flusses aufgeschlagen.»

Nach der ersten Kehre sahen wir ein typisches bhutanesisches Haus. Im Hof brannte ein großes Feuer. Darum herum saßen Männer, die diskutierten und Tee tranken. Wir traten näher und begriffen, dass es sich um die Diener Karmapas handelte. Es war schon spät, und wir waren sehr müde. Trotz allem nahm Tashi den Maultieren die Sättel ab. Er brachte mir warmes Wasser zu trinken, während ich meine Stiefel am Feuer trocknen ließ. Danach suchte ich den tibetischen Verwalter des Hauses auf und bat ihn darum, uns drinnen schlafen zu lassen. Er antwortete: «Gnädige Frau, heute Abend kommt eine Gruppe von Soldaten an, die können Ihnen die entsprechende Erlaubnis erteilen.»

Die Nacht war bereits hereingebrochen, als etwa fünfzehn Soldaten ankamen und sich im Haus niederließen. Ich suchte sofort den Hauptmann auf und erklärte ihm, ich wolle nach Bhutan, ich sei die Tante der Ehefrau des bhutanesischen Premierministers und ich wolle die Nacht im Haus verbringen. Sehr freundlich antwortete er: «Gnädige Frau, das Zimmer im unteren Stockwerk ist nicht möbliert, wenn Sie möchten, können Sie dort Quartier beziehen. Aber Sie können auf keinen Fall durch Bhutan reisen, man wird Sie niemals durchlassen, das ist viel zu gefährlich. Wir sind mit dem Auftrag hierher gekommen, Karmapa Rinpoche und seine Delegation am Weiterreisen zu hindern. Unsere Befehle lauten, er muss zurück nach Tibet.» Ich wusste nicht, was ich antworten sollte. Egal ob wir bleiben konnten oder nicht, jedenfalls war ich froh, dass diese Leute hier waren, so waren wir wenigstens nicht mehr allein. Das Zimmer war düster. Tashi machte draußen ein Feuer, direkt vor dem Fenster. Er aß schweigend. Ich spürte, dass er sich sorgte. Er kam immer wieder herein und fragte mich, ob es mir gut gehe.

Gegen zehn Uhr abends hörten wir die Unterhaltung einer Gruppe Soldaten mit an. Sie sagten, sie seien hier, um den Karmapa daran zu hindern, Bhutan zu durchqueren. Einer von ihnen berichtete, des Karmapas Sekretär habe geantwortet: «Ob Sie wollen oder nicht, wir werden Bhutan durchqueren.» Andere Soldaten sagten: «In Friedenszeiten wurden die Lamas von den bhutanesischen Königen und

Prinzessinnen oft eingeladen. Karmapa Rinpoche war ihr ‹religiöses Oberhaupt›. Aber jetzt, wo er in Gefahr ist, da weisen sie ihn ab.» Ich wandte mich an Tashi und sagte: «Wir werden Bhutan ebenfalls durchqueren.» Ich war so aufgeregt, dass ich die ganze Nacht kein Auge zutun konnte … Bei Tagesanbruch knirschten die Schritte der Soldaten über uns. Sofort stieg ich zum Hauptmann hinauf und flehte ihn an: «Bitte lassen Sie mich gehen, lassen Sie mich gehen. Gestern Abend habe ich gehört, des Karmapa Rinpoche sei fest entschlossen, den Abstieg zu unternehmen, ob Sie es wollen oder nicht. Ich flehe Sie an, lassen Sie uns ihm folgen.» Ein Lächeln ging über sein Gesicht. «Gnädige Frau, des Karmapas Sekretär hat mir bestätigt, dass Sie tatsächlich Frau Taring sind. Ich darf Ihnen nicht die Erlaubnis erteilen, Ihren Weg fortzusetzen. Aber Sie wissen, dass wir über Karmapa Rinpoche keine Befehlsgewalt haben, also folgen Sie ihm.» Unendlich erleichtert dankte ich ihm und machte mich auf den Weg zum Karmapa, den ich gut kannte.

An der Brücke zum Lager ließ ich Tashi und die Maultiere zurück. Ich ging zu Fuß hinüber und gesellte mich zu des Karmapas Leuten. Ich sah, dass alles bereits zum Aufbruch verpackt war. Der Karmapa saß auf einer Matte und betete, um ihn herum standen Lamas mit ihren Familien. Ich gesellte mich zu ihnen. Dann konnte ich den heiligen Lama begrüßen. Er erkundigte sich, wie es mir ergangen sei. Ich berichtete, was ich erlebt hatte, und dankte ihm, dass er den Soldaten meine Identität bestätigt hatte. Ich bat ihn inständig, mich seinem Gefolge anschließen zu dürfen. Er erklärte sich gern einverstanden.

Alle gemeinsam brachen wir noch am Morgen auf. Die

Bhutanesen standen entlang des Weges versammelt, und wenn der Rinpoche vorbeikam, schwenkten sie *Katas* und verbrannten Weihrauch. Die anwesenden Soldaten konnten nichts tun. Wir stiegen den ganzen Tag bergab. Der Tag ging schon zur Neige, als wir weit vor uns den triumphierenden Klang der Trompeten hörten, die des Karmapas Ankunft in dem kleinen Dorf Shabje Tang ankündigten. Lange nach ihm erreichte auch ich die Ansiedlung.

Überall im Dorf waren Gefolgsleute des Rinpoche zu sehen, er selbst war im Kloster untergebracht. Ich fand Quartier bei der Witwe des Dorfältesten in einem winzigen Zimmer, das als Kornspeicher diente. Tashi säuberte es und brachte mir Tee, Wasser und *Tsampa*. Am nächsten Morgen ging ich zu Seiner Heiligkeit Karmapa Rinpoche, um ihn zu begrüßen. Er erkundigte sich nach meinem Befinden und fragte, ob ich Geld oder etwas anderes brauche. Ich antwortete, es gehe mir gut und ich sei sehr froh, hier zu sein. Ein paar Stunden später sprachen einige Männer bei meiner Gastgeberin vor. Sie fragten mich nach meinen Plänen. Meine Antwort war einfach: Ich wolle Karmapa Rinpoche folgen, denn er hatte eine Einladung der Tante des Königs erhalten. Die Männer entgegneten: «Sie dürfen ihm nicht folgen, Sie müssen nach Tibet zurück.»

Das alles berichtete ich Seiner Heiligkeit Karmapa. Ich bat ihn, die Tante des Königs um die Erlaubnis zu ersuchen, dass ich in Bhutan bleiben dürfe. Er versprach mir, sein Möglichstes zu tun, und riet mir, das Dorf nicht zu verlassen. Nachdem der Karmapa aufgebrochen war, überließ mir meine Gastgeberin, eine sehr freundliche Frau, ihren Gebetsraum. Das war eine Art Kapelle, die bis auf einen kleinen

Altar leer stand. Die Wochen vergingen, und ich nutzte die Zeit, um mich auszuruhen. Eines Tages sprach der Ortsvorsteher bei mir vor. Respektvoll und unter vielen Entschuldigungen erklärte er mir: «Ich habe von höherer Stelle den Befehl erhalten, alle Papiere zu beschlagnahmen, die Sie geschrieben haben, um sie überprüfen zu lassen. Das ist so üblich ...» Meine Aufzeichnungen beschäftigten sich mit religiösen Themen. Er versiegelte die Papiere in meiner Gegenwart. Dann durchsuchte er Tashi und nahm das wenige, was ich noch besaß, an sich. Alles wurde mir wenige Tage später wiedergebracht, ohne dass das Siegel aufgebrochen war!

Noch mehrfach wurde ich aufgefordert, nach Tibet zurückzukehren, doch ich antwortete jedes Mal, meine Gesundheit lasse das nicht zu. Meine Gastgeberin beruhigte mich mit den Worten: «Da Sie die Tante unseres Premierministers sind, kann Ihnen nichts geschehen, bald wird Hilfe eintreffen.» Im Dorf gab es einen Mönch, der Wahrsagerei betrieb. Auch er sagte mir, dass ich nicht nach Tibet zurückkehren würde.

Trotz allem war ich beunruhigt. Tag für Tag kamen Tausende von Flüchtlingen aus den Bergen. Manchen hatte die Kälte so zugesetzt, dass ihr Gesundheitszustand Besorgnis erregend war. Ihr Schicksal beschäftigte mich sehr. Ich half ihnen auf meine Weise, indem ich stundenlang zu Dolma betete, damit sie uns Hilfe sandte. Endlich traf ein Brief des Premierministers Jigme Dorje ein. Er teilte mir mit, er werde mich bald aufsuchen.

Am Nachmittag des folgenden Tages sprach ein Soldat bei meiner Gastgeberin vor. Er hatte schöne Maultiere dabei und übergab mir eine Nachricht von Jigme Dorje, der mich bat, sofort zu ihm zu kommen. Der Abschied von meiner großzügigen Gastgeberin fiel mir schwer.

Tashi und ich ritten ein herrliches Tal hinunter. Nach einigen Marschstunden entdeckten wir in der Ferne Ponys, die in der Nähe eines *Stupa* weideten. Es waren die Tiere von Jigme Dorje. Wir setzten uns am Fuße des *Stupa* ins Gras und sprachen lange über die Ereignisse. Er entschuldigte sich für die Schwierigkeiten, die ich gehabt hatte, und berichtete, er habe gehört, Jigme (mein Mann) und Tsarong seien irgendwo an der Grenze nach Assam gesehen worden. Seine Frau, die ja Tsarongs Tochter war, mache sich große Sorgen und wolle ihren Vater unbedingt suchen. Er habe sie nur mit Mühe davon abhalten können.

Zu meiner großen Erleichterung teilte er mir mit, dass die bhutanesische Regierung, auch unter dem Druck seiner Frau, entschieden hatte, die tibetischen Flüchtlinge ins Land zu lassen. Seine lange Maultierkarawane brächte Nahrungsmittel, und er selbst würde nach Tsampa hinaufreiten, um die Flüchtlinge zu begrüßen. Ich sollte auf seine Rückkehr warten, bis dahin wollte er mich in einer bequemen Herberge in dem kleinen Ort Bumthang unterbringen.

Ich blieb eine Woche. Tag für Tag sah ich mit langsamen Schritten Flüchtlinge vorbeiziehen, viele trugen ihre Kinder auf dem Rücken. Sie durchquerten Bhutan, um nach Indien zu gelangen, wo in Missamari ein Lager für sie eingerichtet worden war … Alte, Junge, Nomaden, Mönche, Nonnen, Händler. Manche hatten einige Habe mitnehmen können, andere hatten alles zurückgelassen. Bei diesem traurigen Schauspiel dachte ich an meine Enkel, die in Lhasa geblieben waren. In meiner Ohnmacht betete ich dafür, dass ihr *Karma* weniger schmerzlich sein möge. Mir war das Herz gebrochen.

Wie ich bereits sagte, hielten sich meine älteste Tochter Tsering Yangzom und ihr Mann zum Zeitpunkt meiner Flucht aus Tibet in Indien auf. Sie hatten mir ihre vier Kinder anvertraut, die ich unter der Obhut meiner zweiten Tochter Nogodup Wangmo, die selbst drei Kinder hatte, zurücklassen musste. Nogodup Wangmos Mann wurde im gleichen Jahr inhaftiert und kam erst 1961 wieder frei. Während der Kulturrevolution wurde er erneut festgenommen und blieb weitere dreizehn Jahre im Gefängnis. Nogodups Lage war schwierig. Als ihr Mann im Jahre 1979 entlassen wurde, hatte er ein Auge und sämtliche Zähne verloren und war an schwerem Asthma erkrankt. Er wurde nie wieder gesund, er hatte zu viel erlitten. In den achtziger Jahren konnten beide zu uns nach Indien kommen. Der Mann meiner jüngsten Tochter Yangchen Dolkar war General in der Armee. Er hatte zur Eskorte des Dalai Lama gehört. Yangchen war mit meiner Enkelin Tsering Chodon allein zurückgeblieben. Yangchen war festgenommen und etwa zwanzig Tage lang befragt worden. Bei den Verhören hatte sie geantwortet: «Tötet mich, wenn ihr wollt, ich habe keine Ahnung, wo mein Mann und meine Eltern sind.» Ihr gesamter Besitz wurde beschlagnahmt. Sie musste hart arbeiten, um zu überleben. Jigmes Mutter, meine Schwiegermutter, starb im Jahre 1960, nachdem sie Schweres durchgemacht hatte. Die Chinesen hatten sie in ein unzulängliches Haus verschleppt, in dem sie keine Diener hatte. Keines ihrer Enkelkinder konnte ihr helfen. Eines Tages stürzte sie, und an den Folgen dieses Sturzes ist sie gestorben. Viele meiner Freunde wurden verhaftet, gefoltert und starben im Gefängnis. Andere begingen aus Angst vor Verhaftung und Folter Selbstmord, indem sie sich in den Kyichu-Fluss warfen.

Als Tsering Chodon endlich zu uns nach Indien kam, brauchte sie eine Weile, um sich an ihre neue Lebensweise zu gewöhnen und um zu begreifen, wer zu ihrer Familie gehörte.

Nun ergreift Tsering Chodon selbst das Wort: Ich wusste nicht, wer mein Vater war. Wir hatten zuletzt in einem fensterlosen Stallgebäude gelebt. Es gab zwar ein Foto von ihm, aber meine Mutter sprach nie über ihn. Ich glaubte, er sei tot, für mich war er ein Held. Wir waren sehr arm. Wenn wir nichts mehr zu essen hatten, schickte Mama mich zu den Nachbarn, um ein wenig *Tsampa* und Butter zu erbetteln. Es war schrecklich. Ich mochte das überhaupt nicht. So ließ ich mich mit sieben Jahren in einer reichen chinesischen Familie unterbringen. Dort kümmerte ich mich um die Kinder. Ich hob einen Teil meiner Mahlzeiten auf und brachte sie für Mama nach Hause. Ich litt sehr unter unserer Trennung.

Die Leute, bei denen ich angestellt war, waren weder besonders freundlich noch besonders böse. Ich fühlte mich nicht wohl bei ihnen. Sobald ich konnte, ging ich dort weg. Lieber arbeitete ich mit Mama auf den Baustellen. Den ganzen Tag musste sie große Steine transportieren. Ihr Rücken schmerzte, also half ich ihr. Als sie sich das Bein brach, bin ich ganz für sie eingesprungen. Wir brauchten ja Geld, um Medikamente zu kaufen. Es war sehr hart, sie wäre beinahe wegen mangelnder ärztlicher Versorgung gestorben, wenn uns nicht jemand Penicillin geschenkt hätte. Zu dieser Zeit konnte ich unsere Situation nicht einschätzen. Sie erschien mir ganz normal, ich war eben in einer armen Familie zur Welt gekommen und akzeptierte mein Schicksal voll und ganz. Abends ging ich mit meinen Kameraden zum Unterricht, unsere Lehrer waren Chinesen. Sie lasen uns Maos *Kleines rotes Buch* vor! Ich musste eine Mütze tragen ... Mit achtzehn Jahren habe ich einen meiner Kameraden geheiratet. Wir haben zwei Mädchen bekommen. Als im Jahre 1980 die Kommunikation mit Indien wieder möglich wurde, erhielten wir einen Brief von meinen Großeltern, in dem sie uns zu einem Besuch hierher nach Rajpur einluden. Eine Woche vor Reisebeginn enthüllte mir Mama meine Herkunft und erzählte mir die Geschichte unserer Familie. Sie erklärte mir, sie habe diese Dinge bisher vor mir geheim gehalten, weil das meinem Schutz gedient habe. Wegen behördlicher Schwierigkeiten brach sie alleine auf. Ich musste noch einige Wochen warten. Als ich endlich in Delhi ankam, war ich mit meiner ersten Tochter schwanger. Sehen Sie, auch sie ist im Exil geboren! Mein Großvater Jigme erwartete mich am Flughafen. Ich kannte ihn ja gar nicht. Ich war verlegen, aber er kam gleich auf mich zu, ohne zu zögern. Wir waren beide so bewegt, dass wir kein Wort herausbrachten. Als Willkommensgruß legte er mir eine *Kata* um den Hals.

Ein Wagen brachte uns in ein großes Hotel, wo die gesamte Familie mich erwartete. Plötzlich fühlte ich mich ganz fremd unter all diesen Leuten, den meisten begegnete ich ja zum ersten Mal. Mir war danach, zu weinen und zurück nach Lhasa zu fahren, nach Hause. Doch alle waren sehr nett zu mir. Meine Großmutter hat mit viel Geduld und Liebe mein Herz gewonnen. Sie lehrte mich meine Muttersprache, die heiligen Schriften und die Geschichte meines Landes. Sie ist wirklich eine bemerkenswerte Frau. Sie verbringt ihre gesamte Zeit damit, den Neuankömmlingen zu helfen. Die Gästezimmer hinter dem Haus sind ständig besetzt. Sie ist dauernd unterwegs zwischen den offiziellen Ämtern, Happy Valley, dem Kloster Sakya, mit dem unsere Familie verbunden ist, und dem Altersheim, das sie vor kurzem eröffnet hat. Nie gönnt sie sich Ruhe. Seit dem Tod meines Großvaters Jigme kümmere ich mich um sie und helfe ihr, so gut ich kann. Es wird mir schwer fallen, sie zu verlassen, wenn ich mein Visum bekomme, um zu meinem Mann und meinen Kindern in die USA zu fliegen.

Am folgenden Nachmittag, nach ihrer Meditation, greift Rinchen Dolma den Faden ihrer Erzählung wieder auf:

Jeden Tag ließ mir Ashi Chodon, die Tante des Königs, von einem Diener meine Mahlzeit bringen. Die Speisen waren auserlesen. Trotzdem konnte ich sie nicht genießen. Also musste Tashi für uns beide essen. Um mich herum gab es zu viel Leid, und meine Gesundheit war angegriffen. Nach seiner Rückkehr bat mich Jigme Dorje, einen Brief der Chinesen zu übersetzen, der an die Flüchtlinge gerichtet war. Darin hieß es, wenn sie nicht die Sklaven der Bhutanesen werden wollten, sollten sie auf schnellstem Wege nach Tibet zurückkehren! Die Chinesen beteuerten, sie würden den Tibetern ihre Verfehlungen vergeben und niemand bestrafen. Um sich zu erkennen zu geben, sollten sie sich ein rotes Tuch um den Hals binden! Kein Einziger ging zurück!

Niemals werde ich jenen sonnigen Morgen vergessen, an dem Jigme Dorje ganz aufgeregt in mein Zimmer kam, ein

Telegramm schwenkte und rief: «Mary-la[8], Jigme Taring ist wohlbehalten in Mussoorie angekommen!» Ich konnte meine Freude nicht bändigen und weinte vor Glück. Wir fielen einander um den Hals, und ich dankte Dolma von ganzem Herzen, dass sie meine Gebete erhört hatte: Jigme war am Leben! Doch das Telegramm erwähnte Tsarong nicht. Wir schlossen daraus, dass das Gerücht, Jigme und Tsarong seien an der Grenze nach Assam gesehen worden, falsch gewesen war. Wenige Stunden später kam Jigme Dorje erneut, diesmal brachte er mir einen Brief von Jigme Taring, meinem Mann. Er schrieb mir, er sei außer sich vor Freude, mich am Leben zu wissen, denn, so sagte er: «Ich hatte nicht in Erfahrung bringen können, ob du nach meiner Abreise getötet worden warst oder ob es dir gelungen war zu fliehen.» Er bat Jigme Dorje, für mich zu sorgen und mir zu helfen, nach Indien zu gelangen. Wir sandten ein Telegramm nach Kalimpong, um meiner ältesten Tochter meine baldige Ankunft mitzuteilen.

Von ihr erfuhr ich, dass ihr Vater, Tsarong II., gestorben war. Ihre vier Kinder, die in Lhasa geblieben waren, erwähnten wir nicht. Ich litt mit ihr, umso mehr, als sie diesen Kummer ganz allein ertragen musste. Ich bedauerte, dass Jigme nicht bei uns war. Das war im Mai des Jahres 1959. Meine Reise hatte drei Monate gedauert.

Kaum waren wir in Kalimpong angekommen, da wollte Tashi sofort zurück nach Tibet. Ich versuchte, ihm diesen Gedanken auszureden, und versprach ihm, mich um ihn zu kümmern wie um meinen eigenen Sohn. Davon wollte er

....
8 Als Zeichen der Achtung hängt man die Silbe -la an den Vornamen.

aber nichts hören. Also schenkte ich ihm mein restliches Geld, und er trat den Rückweg an. Bevor er aufbrach, nahm er seinen goldenen Ohrring ab und bat mich, ihn zu verkaufen und mit dem Erlös die Flüchtlinge zu unterstützen. Tapferer Tashi, was für ein treuer Mensch! Ich hörte nur noch ein einziges Mal von ihm, als sein Bruder nach Indien kam. Ich denke oft an ihn. Solche Abenteuer verbinden für immer. Ich bete dafür, dass sein nächstes Leben besser wird.

Jigme war mit dem Dalai Lama in Mussoorie, und ich musste mich einen ganzen Monat gedulden, bis er zu mir kommen konnte. Wir verbrachten einen Monat gemeinsam und genossen die Wiedersehensfreude trotz der Traurigkeit der jüngsten Ereignisse ... Er sah fremd aus mit seinem kurzen Haar. Er erzählte mir, wie er nach unserem letzten Besuch in Gyatso zwei Tage im Norbulinka geblieben war, um den Eindruck zu vermitteln, der Dalai Lama befände sich noch dort. Als das Bombardement begann, nahm er eine Kamera aus dem Besitz des Dalai Lama und filmte. In einer Feuerpause tauschte er seinen Pelzhut gegen die Wollmütze eines einfachen Soldaten. Er nahm einen Revolver, ein Fernglas, eine Kamera und einige Filme mit und verließ den Norbulinka zusammen mit Pasang, einem ehemaligen Hirten vom Taring-Gut. Es war schwierig durchzukommen, denn der Beschuss hatte wieder begonnen. Pasang und er hatten eine Abmachung getroffen: Falls einer von ihnen verletzt werden sollte, sollte der andere ihn erschießen, denn sie wollten beide nicht in die Hände der Chinesen fallen und gefoltert werden. Auf der Passhöhe wandte Jigme sich um und sah durch sein Fernglas, wie der Potala getroffen wurde. Das Kundeling-Kloster stand in Flammen, und unser eigenes

Haus war von Granaten schwer beschädigt. Eines Nachts trafen sie auf Khampas, die Jigme wegen seiner Kamera für einen chinesischen Spion hielten. Sie verhörten ihn im Dunkeln, um festzustellen, ob er Angst hatte ... Doch als Jigme sie aufforderte, das Filmmaterial und die Kamera dem Dalai Lama persönlich zu übergeben, geschah das Wunder. Er bekam alles zurück, und sie ließ ihn gehen.

Tagelang marschierten die beiden, ohne auszuruhen und ohne zu essen. Völlig erschöpft erreichten sie ein Gut, das zum Namgyal-Kloster gehörte. Dort fanden sie Unterkunft. Jigme schlief sofort auf dem blanken Fußboden ein. Als er wieder erwachte, beleuchtete ein Mönch sein Gesicht mit einer Fackel und sagte zu Pasang: «Da liegt nun der Prinz von Taring.» Nach einer bequemen, erholsamen Nacht und einer guten Mahlzeit machten sie sich am frühen Morgen, mit Decken und Vorräten ausgerüstet, wieder auf den Weg. In Samye trafen sie einen Khampa-Führer, der ihnen ein kräftiges Reitpferd und eine Eskorte von zwei Mann zur Verfügung stellte. Dann trafen sie auf Kundeling, das Oberhaupt des Kundeling-Klosters, und gemeinsam folgten sie Seiner Heiligkeit nach Indien. An der Grenze erwarteten sie zwei indische Offiziere mit einer Botschaft des Dalai Lama, der gebeten hatte, Jigme und Kundeling sofort per Zug nach Mussoorie weiterreisen zu lassen.

Damals hielten sich einige kommunistische chinesische Agenten in Kalimpong auf, darunter auch einer, den ich aus Lhasa kannte und der perfekt Tibetisch sprach. Eines Tages traf ich ihn auf dem Markt, und er fragte mich, ob ich unterwegs Schwierigkeiten gehabt hätte. Ich antwortete höflich: «Kaum, und Sie?»

Nachdem Jigme wieder nach Mussoorie zum Dalai Lama abgereist war, baten mich die Flüchtlinge, die von überall her nach Kalimpong kamen, ich solle ihnen Englischunterricht erteilen. Gemeinsam suchten wir einen Raum, und bald konnte der Unterricht mit etwa zwanzig Schülern beginnen. Am Vormittag brachte ich ihnen das Nötigste an Englisch bei, damit sie sich mit den Einheimischen verständigen konnten. Täglich wuchs die Zahl der Schüler, und bald brauchte ich Hilfe. So ging es sechs Monate lang.

Eines der Hauptanliegen des Dalai Lama in Indien war die Ausbildung der Kinder. Er beauftragte Jigme, in Mussoorie eine Schule einzurichten, und ich erhielt bald einen Brief Seiner Heiligkeit, in dem er mich bat, nach Mussoorie zu kommen und Jigme zu helfen. Ich ließ meine Schüler unter der Obhut eines pensionierten kanadischen Offiziers zurück.

In Mussoorie stellte man uns das Gebäude des Kildarie House zur Verfügung, das der indischen Armee gehörte. Nun wurde es nicht nur unser Wohnort, sondern auch eine provisorische Schule.

Hunderte und Aberhunderte von Flüchtlingen kamen nach Indien. Viele starben wegen des ungewohnten Klimas bei der großen Hitzewelle im Mai. Anfang 1960 begannen wir den Schulbetrieb mit etwa fünfzig Schülern: Jungen und Mädchen zwischen fünfzehn und sechzehn Jahren, Mönche und einige Offiziere und Leibgardisten Seiner Heiligkeit. Seit beinahe einem Jahr war der Dalai Lama nun schon in Mussoorie. Eine der reichsten Familien Indiens, die Familie Birla, hatte der tibetischen Exilregierung für ein Jahr Gebäude zur Verfügung gestellt, die seit dem Abzug der Engländer leer gestanden hatten. Diese Frist lief nun ab. Die indische Regierung schlug Seiner Heiligkeit vor, nach Dharamsala im Bundesstaat Himachal Pradesh umzusiedeln. Der Dalai Lama schickte ein Mitglied des *Kashag* dorthin, das die Örtlichkeiten besichtigte und den Vorschlag befürwortete.

Mein Mann wollte Seiner Heiligkeit nicht nach Dharamsala begleiten. Mussoorie war nicht weit von Delhi entfernt, und das erleichterte die Versorgung. Die finanzielle Situation der Schule war angespannt. Die Unterstützung, die wir erhielten, reichte nicht aus. Ich schrieb Briefe an internationale Organisationen in der Schweiz, Kanada, Japan, den Vereinigten Staaten, Österreich ... Mit ihrer Hilfe konnte ich drei Häuser mieten. So entstand Happy Valley, und mittlerweile ist es eine anerkannte Hochschule. Jigme, Kundeling und ich organisierten alles, was wir für die Kinder und ihre Ausbildung benötigten. Jigme war Leiter von Happy Valley und gleichzeitig Erziehungsminister der tibetischen Exilregierung ...

Einige Jahre später ließen wir uns in Rajpur ein kleines Haus bauen, das ich seither nie wieder verlassen habe. Seine Heiligkeit hatte die indische Regierung gebeten, die Ausbildung zu subventionieren. Präsident Nehru ging darauf ein, und wir konnten bis zu fünfhundert Kinder aufnehmen, im Jahre 1962 dann sogar sechshundert. Außerdem konnten wir weitere Schulen eröffnen. Seine Heiligkeit schlug mir vor, eine dieser Schulen zu leiten, doch ich wollte mich nicht noch einmal von Jigme trennen. Daraufhin bat er mich, ein Waisenhaus für jene Kinder zu eröffnen, die ihre Eltern verloren hatten.

Wenn die Kinder ankamen, wurden sie zuerst in den Flüchtlingslagern untergebracht. Dann wurden sie nach und nach zur Schule zugelassen. Die meisten waren in erbärmlichem Zustand und litten unter Krätze. Wir mussten sie behandeln, bevor sie am Unterricht teilnehmen konnten. Ich sehe noch vor mir, wie ich den kleinen Mädchen ihre herrlichen Haare abschneiden musste. Frau Lincoln, eine englische Krankenschwester in den Sechzigern, half uns, eine kleine Ambulanz aufzubauen. Die Arbeit war kaum zu bewältigen, aber wir bekamen viel Unterstützung. Nahrungsmittel und Kleidung trafen aus allen Teilen der Welt ein. Ein amerikanischer Arzt aus dem Krankenhaus in Mussoorie half uns regelmäßig. Inzwischen ist er Senator auf Hawaii, und manchmal besuchte er uns noch. Sobald die Kinder gesund waren, nahmen sie am Unterricht in Tibetisch, Englisch und Hindi teil. Heute wird die Schule von unseren ersten Schülern geleitet. Einige Mitglieder des *Kashag* sind ehemalige Schüler von Happy Valley. *Als sie das sagt, leuchten ihre Augen vor Stolz.*

Nur ein sehr kleiner Prozentsatz der Schüler kehrt nach Beendigung der Schulzeit nach Tibet zurück. Einige können in der Schweiz, in Kanada oder in Amerika studieren, oder sie bleiben in Indien. Heute haben wir sieben Pensionate und siebzig Externate. Sie alle werden von der indischen Regierung subventioniert, die uns immense Hilfe geleistet hat.

Ich halte es für eines der wichtigsten Dinge im Leben, eine oder zwei Sprachen lesen und schreiben zu können. Das ist eine Brücke zwischen den Kulturen. Wer völlig ungebildet ist, hat nur ein Auge oder nur ein Ohr. Heutzutage ist es sehr wichtig, dass alle Menschen lesen und schreiben können. In jedem Volk gibt es einige, die mehr Kenntnisse besitzen als andere und die deshalb die anderen anleiten und den Weg weisen müssen. Im besetzten Tibet erhalten die Kinder eine chinesische Erziehung und Ausbildung, unsere Kultur und die tatsächliche Geschichte unseres Landes kommen darin nicht vor. Die begabtesten Kinder werden nach China gebracht. Wenn ihre Ausbildung beendet ist, kehren sie nach Tibet zurück und kritisieren ihre Eltern, weil diese Buddhisten sind und in der Vergangenheit Diener hatten. Die Eltern und Kinder, die eine tibetische Bildung wünschen, die Geschichte ihres Landes und der Welt kennen lernen wollen, gehen heimlich nach Indien. Ich finde es sehr wichtig, dass unsere Kinder lernen, unbefangen mit anderen Kulturen und Traditionen umzugehen. Ich persönlich hatte den großen Vorteil, dass ich bereits in frühester Kindheit mit anderen Kulturen in Kontakt kam, dass ich mehrere Sprachen beherrsche, ohne meine Kultur oder meine Religion ablegen zu müssen. Ich bin glücklich, dass ich den tibetischen Kindern helfen konnte, sich der Welt zu öffnen.

Die Chinesen verfolgen unsere Bildungsarbeit, sie missbilligen unsere Aktivitäten und setzen die Eltern unter Druck, indem sie ihnen mit Entlassung drohen, wenn sie die Kinder nicht nach Tibet zurückholen. So mussten gut zwanzig unserer Schüler nach Tibet zurückkehren, um ihre Familie zu schützen. Dabei sind dreiundsiebzig Prozent der erwachsenen Tibeter über fünfzehn Jahre Analphabeten[9].

Wir Tibeter haben einen sehr engen Bezug zu unserer Re-

....

9 Eine kürzlich veröffentlichte Studie gibt an, dass in den letzten zehn Jahren zwischen sechs- und neuntausend Kinder zur Ausbildung nach Indien geschickt wurden und dass seit 1996 zweitausend heimlich und ohne Begleitung nach Nepal gelangt sind.

ligion. Sie lehrt uns, aufrichtig, großzügig und selbstlos zu sein. Wir stehlen nicht und wir töten nicht. Natürlich gibt es in jedem Volk Ausnahmen. Doch grundsätzlich wissen wir: Wenn wir in diesem Leben töten, werden wir im nächsten Leben getötet werden. Wir streben danach, uns unserer Handlungen und ihrer Folgen bewusst zu sein. Das erspart viele Probleme. Bevor der Buddhismus zu uns kam, hatten wir einen sehr harten, kriegerischen Charakter. Der Buddhismus hat uns das Herz geläutert, das ist unser großes Glück.

Seine Heiligkeit der Dalai Lama stellt Sein Leben ganz in den Dienst der Tibeter. Er reist durch die Welt, trotz der Gefahren, die das für Ihn bedeutet. Er reist von Land zu Land und spricht über die tibetische Kultur und über den Frieden. Er versucht, ohne Vorbedingungen mit der chinesischen Regierung zu verhandeln. Die Chinesen haben erklärt, sie würden keinerlei Kompromiss akzeptieren und jede Einmischung von außen in innere Angelegenheiten ablehnen.

Inzwischen weiß die Weltöffentlichkeit über die Situation in Tibet Bescheid. Internationale Organisationen üben Druck auf China aus, damit die grundlegenden Menschenrechte respektiert werden. Das hat zur Folge, dass die Unterdrückung in Tibet noch verschärft wird. Für uns kommt es nicht infrage, mit Waffengewalt für unsere Unabhängigkeit zu kämpfen. Einige Tibeter sind das Warten leid, sie haben den Eindruck, dass sich nichts tut. Sie würden gerne zu den Waffen greifen, doch das wäre ein ungleicher, ja selbstmörderischer Kampf: Sechs Millionen Tibeter gegen eine Milliarde Chinesen!

Wie gerne würde ich mein Land wieder sehen, aber solange es unter chinesischer Herrschaft steht, ist das undenkbar, und mir bleiben nur noch wenige Jahre zu leben. Im Grunde habe ich viel Glück gehabt. Ich betrachte mich als Repräsentantin aller tibetischen Mütter. Ich bin die Einzige, die Gelegenheit hatte, Seine Heiligkeit regelmäßig zu treffen und Ihm meine Gefühle mitzuteilen. Das ist meine Aufgabe. Ich tue mein Bestes, um allen zu helfen. Der Dalai Lama sagt mir immer, wenn wir uns sehen: «Ihr Glück ist es, dass Sie bei guter Gesundheit sind.» Mein Geheimnis: *Om Mani Padme Hum*, das *Mantra* von Chenrezig, dem Buddha des Mitgefühls, dessen Emanation der Dalai Lama ist. Dieses *Mantra* ist ein wertvolles Gebet, das reinigt und stärkt, es ist meine tägliche Vitamindosis, eine Triebfeder für den Geist. *Om* steht vor jedem *Mantra*, es versinnbildlicht den Klang. *Mani* bedeutet «wertvoll» und *Padme* «Lotos». Es ist eine Anrufung. Die Rezitation dieses *Mantras* kann uns zur Erleuchtung führen. Es nähert uns Chenrezig an, Seiner Güte, Seiner Weisheit … Es ist ein Medikament, das alles heilt. In unserem Haus in Lhasa hatten wir ein sehr schönes Bild von Guru Rinpoche[10], der die Dämonen Tibets unterworfen hat!

....
10 Padmasambhava oder Guru Rinpoche ist der Begründer des tibetischen Buddhismus. Sein *Mantra* ist: *Om Ah Hum Vajra Guru Padma Siddhi Hum*. Es bringt Frieden, Heilung, Verwandlung und Schutz.

Leben im Exil

> «Die Zerstörung der Bauten,
> der Klöster, der religiösen
> Kunstgegenstände, der heiligen
> Schriften, die Inhaftierung und
> Ermordung der geistlichen Führer als
> Hüter unseres Wissens, all das ist
> buchstäblich ein kultureller Völker-
> mord. Die Chinesen haben das, was
> die tibetische Kultur hervorgebracht
> hat, in all seinen Ausdrucksformen
> vernichtet: Sprache, Literatur,
> Malerei, Bildhauerei. Der Schaden,
> den China dadurch angerichtet hat,
> ist noch schlimmer als die
> materiellen Zerstörungen. Er trifft
> aufs Tiefste die kollektive
> Psyche der tibetischen Nation.
> JAMYANG NORBU, Direktor des T.I.P.A.

Als die Tibeter im Jahre 1959 ins Exil nach Indien kamen, beschäftigte die indische Regierung sie im Straßenbau im Himalaya. Der Dalai Lama setzte sich bei Präsident Nehru dafür ein, die Exilierten unter besseren Bedingungen zu empfangen. Nehru warb bei den Regierungen der südlichen Staaten Indiens um Unterstützung. Daraufhin bot Karnataka im Jahre 1960 eine unbewohnte Dschungelfläche westlich von Mysore an. Tibeter kamen vom Norden herunter in ihr zweites Exil nach Südindien. Die Anfänge waren hart: 11 964 Morgen wildes Land, das von Hand urbar gemacht werden musste. Geschwächt durch das tropische Klima und die unzulängliche Ernährung, dezimiert durch die Tuberkulose, starben die Tibeter zu Tausenden. Inzwischen hat sich die Situation verbessert. Traktoren ersetzen die Handarbeit, Mais die Gerste. Die geernteten Produkte werden in Genossenschaften verarbeitet und verkauft. Zur Zeit des Monsuns verlassen die Tibeter ihre Felder und nehmen die Herstellung ihres traditionellen Kunsthandwerks wieder auf: Weberei, Malerei von *Tankas*, Bildhauerei in Bronze und Holz, Zubereitung von Weihrauch ... Die Erzeugnisse werden exportiert, in den örtlichen Läden vertrieben oder am Straßenrand verkauft. In dem Land, das sie aufgenommen hat, das den Buddhismus schützt, haben die Tibeter eine neue Lebensform gefunden, und sie bereiten sich auf ihre **Rückkehr** in ein neues Tibet vor.

Bylakuppe ist die größte Flüchtlingssiedlung: Hier leben zehntausend Tibeter, verteilt auf vier Dörfer. Schulen, Krankenstationen, gesellschaftliches Leben, alles ist hier neu geschaffen worden. Auch die wichtigsten Klöster wurden nachgebaut: Sera wenige Kilometer von Bylakuppe, Drepung und Ganden vier Stunden von Goa entfernt.

«Wir mussten viel Entschlossenheit und Energie aufbringen. In diesem Sinn hat uns das Exil dazu gebracht, kreativ zu werden.»

(Der Dalai Lama)

In Bylakuppe lernte ich bei den *Losar*-Feierlichkeiten Pemala kennen. Ich erfuhr, dass sie in Südindien ganz in meiner Nähe wohnt.

Pemala verbringt ihre Tage in dem Laden für tibetisches Kunsthandwerk, den sie vor etwa zehn Jahren nach dem Tod ihres Mannes eröffnet hat. Die Straße zu diesem Laden zu überqueren ist ein gefährliches Abenteuer: Rikschas, Kühe und Büffel sind auch durch die Anwesenheit einiger indischer Polizisten mit ihren roten Schirmmützen – eine Reminiszenz an die Franzosen der ehemaligen Handelsniederlassung – nicht zu disziplinieren.

Pema sitzt auf einem tibetischen Teppich am Boden und arbeitet an einem Schmuckstück. Als ich hereinkomme, lächelt sie, ihre intelligenten Augen leuchten. Ihr Blick ist durchdringend. Sie ist eine robuste, ungekünstelte Frau in den Vierzigern, eine echte Khampa aus der Freiheit der weiten Hochebenen. Sie lädt mich ein, neben ihr auf dem Teppich Platz zu nehmen, und reicht mir ein Glas Tee.

Mit ruhiger, melodischer Stimme berichtet sie halb auf Englisch, halb auf Tibetisch aus ihrem Leben.

Ich habe mein Heimatland nie kennen gelernt. Ich bin auf dem Weg ins Exil geboren, am Fuße des Kailash, des heiligen und gesegneten Berges der Tibeter und der Inder. Bevor meine Eltern Tibet verließen, absolvierten sie eine Pilgerreise durch das Land. Das war Ende der 50er Jahre. Meine Mutter stammte aus einer Nomadenfamilie aus der Provinz Kham. Die Nomaden lebten das ganze Jahr in Zelten und zogen mit riesigen Viehherden in den Bergen umher. Mein Vater gehörte zu den so genannten *Rongdrops*, das sind Halbnomaden aus Kham, die einen Hof in der Ebene besaßen und Felder bewirtschafteten. Durch ihre Heirat nahmen meine Eltern die Traditionen beider Stämme an. Ein Teil der Familie war sesshaft, der andere nicht. Das nannte man eine «zusammengesetzte Familie». Meine Eltern erzählten mir, bei den Nomaden habe es keine Barrieren zwischen Ländern und Völkern gegeben. Sie lebten frei und glücklich in den grenzenlosen Steppen. Als im Jahre 1950 chinesische Soldaten in die Provinz Kham vordrangen, waren deren Bewohner eher erfreut über die neuen Kontakte. Traditionell betrieben sie seit jeher Tauschhandel, und nun tauschten sie Yakmilch und -käse gegen Geldmünzen. Von der Politik auf Landesebene wussten die Khampas damals nichts, denn sie lebten völlig für sich und hatten praktisch keinen Kontakt zur Zentralregierung in Lhasa, deren Repräsentanten bei ihnen die «Schönen Goldmünder» hießen. Sie wussten nicht einmal, wie ein Europäer aussieht. Sie waren nur mit ihrem Stamm, ihrem Dorf und ihre religiösen Riten verbunden. Gerade im Bereich der Religion setzten die Chinesen an: Mit Hinterlist versuchten sie die Gewohnheiten der Einheimischen zu beeinflussen und ihnen ihre eigene Sichtweise aufzudrängen. Sie kritisierten die tibetische Gesellschaftsstruktur und verbreiteten schwere Vorwürfe gegen die Klöster und die Lamas.

Die Khampas waren so an ihre Freiheit gewöhnt, dass sie hinsichtlich der «guten» Absichten der Chinesen bald Verdacht schöpften. Doch es war schon zu spät, sie waren in einem geschickt geknüpften Netz gefangen. Als sie sich zu wehren begannen, nahm die Unterdrückung durch die Chinesen ihren Lauf: Dorfbewohner und Grundbesitzer wurden ermordet, aufrührerische Lamas gefangen genommen und getötet, Klöster dem Erdboden gleichgemacht, Kinder zu Tausenden nach China deportiert. Die Khampas mussten einsehen, dass es sich um eine regelrechte Invasion handelte.

Am 6. Oktober 1950 marschierte die chinesische Armee in unserer Hauptstadt Chamdo ein. Der Gouverneur Ngawang Ngabo, ein Aristokrat aus Lhasa, ergriff die Flucht und unterzeichnete kurz darauf die Kapitulation Tibets. Da schlugen sich unsere Männer in die Berge, um Widerstand zu leisten. Die tapferen Khampas nahmen es mit der größten Armee der Welt auf: Fünfzehn Jahre lang schikanierten sie die Strategen des Regimes in Peking. Die Ältesten, die zu Hause geblieben waren, wurden von den Chinesen verhaftet. So ist die gesamte Familie meiner Mutter ums Leben gekommen. Die Jüngeren, wie meine Eltern, flohen nach Lhasa, in die heilige Stadt, um dort Schutz zu suchen und bekannt zu machen, was in Kham geschah. Doch sie stießen auf taube Ohren. Da begaben sich meine Eltern in den ältesten Tempel der Stadt, den Romoche, um sich dort niederzuwerfen und zu beten, danach in den Potala und in den Jokhang, der einst für eine chinesische Prinzessin gebaut worden war … Sie verbrachten einige Zeit im Kloster Drepung, mit dem meine Familie schon seit jeher verbunden war, und zogen dann weiter nach Indien ins Exil. So kam ich am Fuße des Kailash zur Welt.

Ich war vier Jahre alt, als meine Eltern, mein Bruder und ich Indien über Ladakh erreichten. Ladakh liegt im Westen Tibets und wird auch «Klein-Tibet» genannt, so sehr gleichen Landschaft, Häuser, Klöster und Kultur jenen in meiner Heimat. Tatsächlich war Ladakh im 7. Jahrhundert tibetisch. Mit den kargen Hochebenen, der imposanten Gebirgslandschaft und seinen Höhlen erinnert es an jene Gegenden in Tibet, in welche die Chinesen aus Angst vor dem Unbekannten noch nicht vorgedrungen sind …

In seinem wunderbaren Buch Der Weg der weißen Wolken gibt Lama Govinda folgende Schilderung: «Die Landschaft ist weit und offen, hier und da ragen schneebedeckte Gipfel in den tiefblauen Himmel auf, dessen Farbe für diesen Höhenlagen charakteristisch ist. Es ist ein Ort, an dem Erde und Himmel sich als Gleich und Gleich begegnen, an dem die Landschaft die Unermesslichkeit und den Rhythmus des Ozeans besitzt und der Himmel die Tiefe des kosmischen Raums. Dort fühlen Sie sich den Himmelskörpern nah; Sonne und Mond sind Ihre Nachbarn, die Sterne Ihre Freunde … der große Rhythmus der Natur schließt alles ein, und auch der Mensch wird mit Leib und Seele mitgerissen. Selbst seine Phantasie speist sich nicht mehr aus seiner eigenen, begrenzten Persönlichkeit, vielmehr aus der Seele der Landschaft, in der sich der Rhythmus des Universums zu einer Melodie von unwiderstehlichem Zauber verdichtet. Hier wird die Phantasie zum exakten Ausdruck der Wirklichkeit auf der Ebene des menschlichen Bewusstseins, das sich von Individuum zu Individuum zu übertragen scheint, um schließlich jene spirituelle Atmosphäre zu schaffen, in der ganz Tibet lebt …»

Als wir Ladakh erreicht hatten, erhielten wir aus Sicherheitsgründen keine Durchreiseerlaubnis. Wir wurden sogar aufgefordert, nach Tibet zurückzugehen. Meine Eltern weigerten sich jedoch. Die von Mao Tse-tung erzwungenen Agrarreformen hatten eine Hungersnot hervorgerufen, es hatte bereits mehrere hunderttausend Tote gegeben.

Unser Flüchtlingslager wurde von der indischen Armee bewacht. Militärflugzeuge warfen an Fallschirmen Nahrungsmittel ab, und wir liefen in die Berge, um die Pakete einzusammeln. Für uns Kinder war das ein Spiel: Wer die meisten Reissäcke fand, hatte gewonnen. Wir waren so viele, dass die Rationen an Reis und *Dal* (Linsen) nicht ausreichten. Ich war etwa sechs Jahre alt. In dieser Zeit litt ich ständig Hunger. Viele von uns starben. Das sind Dinge, die man nie vergisst. Mein Bruder arbeitete im nächsten Militärlager. Abends erhielt er als Lohn einen kleinen Sack Reis oder zwei Brote, die wir uns teilten. Das ging zweieinhalb Jahre so, dann erhielten wir die Einreiseerlaubnis nach Nordindien. Wir gingen in die Nähe von Manali.

Zu jener Zeit konnte die indische Regierung uns nur eine einzige Arbeit anbieten: den Straßenbau im Gebirge. Als junges Mädchen transportierte ich Tonnen von Steinen … Jeden Morgen kam ein Lastwagen und sammelte uns am Straßenrand auf. Darum nannte man uns «die Straßenrand-Lager». Wir wussten nie im Voraus, wo es hingehen würde. Wenn der Lastwagen kam, warfen wir unsere Sachen hinein, und er brachte uns zu einem neuen Straßenrand! Die Männer sprengten die Felsen mit Dynamit, die Explosionen verursachten immer wieder Unfälle unter den kleinen Kindern, die in der Nähe ihrer Eltern spielten, ohne sich der Gefahr bewusst zu sein. Viele kamen dabei ums Leben. Um ihre Kinder zu schützen, überantworteten die Eltern sie der Exilregierung, die sie im Tibetischen Kinderdorf in Dharamsala unterbrachte. Meine Eltern wollten sich jedoch nicht von mir trennen. Ich half meiner Mutter, wir arbeiteten im Team. Während sie Steine klopfte, sammelte ich die Bruch-

stücke ein und trug sie in einem Korb weg, der auch als Maß-
einheit diente.

Jeden Morgen ging ein Aufseher herum und notierte, wer
fehlte. Am Abend kontrollierte er die Anzahl der gefüllten
Körbe. Mein ganzes Leben lang werde ich mich an den Zahltag
erinnern. Mein Lohn belief sich damals auf 50 Paisa täglich, also eine halbe Rupie. Wir Mädchen wollten älter wirken,
darum zogen wir die *Chubas* unserer Mütter an und trugen
unser Haar offen statt in Zöpfen. Um größer zu erscheinen,
kletterten wir auf große Steine, in der Hoffnung, den gleichen
Lohn zu erhalten wie unsere Mütter. Als der Aufseher dann
kam und «Pema» rief, musste ich leider von meinem Stein
heruntersteigen und die *Chuba* raffen, die mir viel zu lang
war. Dann stand ich ganz klein vor diesem Mann. Er händigte
meinen Eltern meinen Wochenlohn aus: drei Rupien. Unermüdlich versuchte ich es jede Woche mit dem gleichen Trick.
Ich muss heute noch lachen, wenn ich daran denke. Meine
Eltern konnten nicht zählen. Meine Mutter erhielt 25 Rupien,
mein Vater 75, zusammen mit meinem Lohn waren es also
103 Rupien. Bekamen sie 5- oder 10-Rupien-Scheine oder
sogar noch kleinere Noten, waren es mehr Scheine, und sie
glaubten, das sei dem schönen Kleid meiner Mutter zu verdanken. Darüber waren sie sehr erfreut. Wenn sie dagegen nur
zwei oder drei Scheine bekamen, verdächtigten sie den Aufseher, ihnen zu wenig ausgezahlt zu haben.

In unserer «Straßenrand»-Gruppe herrschte große Solidarität. Wir fühlten uns alle gleich. Die Inder kamen mir anders vor. Ich hatte immer das Gefühl, sie würden sich über
uns lustig machen. Ich war ja noch ein kleines Mädchen, ich
konnte nicht verstehen, warum es Unterschiede zwischen

den Menschen gab. Ihre Kinder gingen zur Schule. Ihre Familien hatten ein Haus, Arbeit, einige besaßen Autos, und sie waren gut gekleidet. Wir dagegen gingen nicht zur Schule, wir schliefen in Zelten am Straßenrand und besaßen gar nichts. Es schien, als gehörten wir zwei unterschiedlichen Welten an, dabei sind wir doch alle nur Menschen. Ich machte mir viele Gedanken. Ich war nicht neidisch, aber ich dachte, um all das zu besitzen, müsse man mindestens ein König oder eine Königin sein. Am meisten tat es mir Leid, dass wir nicht zur Schule gehen und lernen konnten. Das bedauere ich noch heute.

Ich hatte nur einen Bruder. Er hatte sich zum Militär gemeldet. Meine Eltern glaubten, er werde möglicherweise gegen die Chinesen kämpfen. Alle glaubten das. Doch in Wirklichkeit war es nur eine Illusion. Im Stützpunkt schlugen die Soldaten die Zeit tot. Wir bauten weiter unsere Straßen. Bis ich fünfzehn war, habe ich Steine geklopft. Meinen Händen hat man das noch lange angesehen.

Meine ältere Schwester Dolma war schon vor uns nach Indien gegangen. Sie lebte in Rajpur und war mit einem Mann aus Kham verheiratet, er hieß Kelsang. Dolma war sehr intelligent und eine erfolgreiche Geschäftsfrau. Sie schlug uns vor, wir sollten zu ihr kommen. So bildeten wir den Kern einer kleinen tibetischen Gemeinde in Mussoorie, in der Nähe von Rajpur. Dolma strickte aus billiger Wolle Pullover und verkaufte sie an die indischen Arbeiter. Alle Tibeterinnen können weben und stricken, Decken und Teppiche herstellen. Das ist Teil unserer Kultur. In Kham sind die Winter sehr kalt, deshalb beschäftigen die Frauen ihre Hände, während sie die Herden hüten, mit Stricken oder Weben.

Ein Kunde betritt den Laden. Pemala bedient ihn, wechselt ein paar Worte mit einem tibetischen Mönch und fährt dann fort: Nur fehlte das Geld, um größere Mengen Wolle zu kaufen. Ortsansässige Inder gaben uns Darlehen, und so konnten wir mit einer richtigen Produktion beginnen. Rund um Rajpur gibt es mehrere Militärlager, aber keine Arbeit für die indischen Frauen. Nach ein paar Jahren kamen wir auf den Gedanken, sie bei uns zu beschäftigen. Sie kamen in den Laden, wir gaben ihnen Wolle und Stricknadeln. Nach zehn Tagen brachten sie uns die fertige Arbeit. So fingen sämtliche Frauen der Gegend an zu stricken. Wir zahlten eine Rupie pro Tag. Jeder Pullover kostete uns 6,50 Rupien, und wir verkauften ihn für 7 Rupien. Wir mussten schon eine ganze Menge produzieren, bevor wir Gewinn machten. Um die Pullover aufzuwerten, kamen wir auf die Idee, Etiketten in den Halsausschnitt einzunähen: «made in Japan», «made in hier», «made in dort». Wenn ich heute daran zurückdenke, finde ich das sehr lustig.

Dann beschlossen wir, Teppiche herzustellen. Einen Webstuhl konnten wir uns aber nicht leisten. Kelsang baute uns aus Holzteilen ein Gerät zusammen, mit dem wir weben konnten. Wir fertigten Teppiche und Taschen. Wir mussten unsere Erzeugnisse ja verkaufen, also stellten wir uns wieder an die Straßenränder in verschiedenen indischen Bundesstaaten! Da wir äußerlich den Asiaten ähneln, hielten die Touristen uns für Japaner, Chinesen oder Koreaner. Es war nicht immer angenehm, den ganzen Tag hinter einem behelfsmäßigen Stand am Straßenrand zu stehen. Das Klima in Indien ist sehr anstrengend, manchmal zu heiß, manchmal zu regnerisch oder einfach zu kalt. An solche Temperaturschwankungen waren unsere Körper nicht gewöhnt, und wir holten uns häufig Bronchitis, viele von uns erkrankten sogar an Tuberkulose. Zum Glück lief der Verkauf sehr gut, und unsere finanzielle Situation besserte sich. Ich begegnete Menschen aus den verschiedensten Ländern, und ich muss sagen: Alles, was ich weiß, habe ich am Straßenrand gelernt! Meine Bildung ist ein Straßenrandprodukt! Das wenige Tibetisch, das ich spreche, hat mich mein Vater gelehrt, er wollte, dass ich die heiligen Schriften lesen kann.

Heute sind die Dinge ganz anders geworden, beinahe jeder hat Zugang zu Radio oder Fernsehen. Das ist ein großartige Kommunikations- und Informationsmöglichkeit. Ich warte schon sehnlich darauf, auf dem kleinen Bildschirm Nachrichten aus meinem Land zu sehen … Das würde bedeuten, dass es wieder vereint ist und vom Rest der Welt anerkannt wird.

Immer wieder betreten Touristen den Laden. Während sie weiterspricht, lächelt Pemala ihnen zu, mustert sie, holt die Schmuckauslagen hervor und lässt sie auswählen. Ein kurzer Dialog auf Tibetisch. Ein Junge zeigt einen Teppich. Sie sagt lachend: Dieses Jahr haben die Touristen weniger Geld als sonst, sie kaufen nur Kleinigkeiten. *Sichtlich will sie in ihrer Geschichte nicht unterbrochen werden. Sie erzählt weiter.* Als ich achtzehn wurde, beschloss meine Mutter, ich solle heiraten. Sie fragte einen Lama um Rat. Er bestimmte die günstigste Zeit für die Hochzeit. Die Wahl fiel auf einen Mann aus Kham, er stammte aus dem gleichen Dorf wie mein Schwager. Ich war ihm nur einmal begegnet. Mein künftiger Mann war ein *Tulku**, also die Reinkarnation eines großen Lamas. Er war im Kloster Kanda Gompa aufgewachsen. Sein tibetischer

Name war Gacnak Tulku. Der Einfachheit halber nannten wir ihn Katak Tulku. In Indien hatte er zuerst eine Schule in Dalhousie besucht, dann beendete er seine Ausbildung an der Ashram-Schule von Sri Aurobindo in Pondicherry. Dort eröffnete er eine Teppichweberei und ein Restaurant. Die Weberei ist noch immer in Betrieb, sie beschäftigt etwa sechzig Einheimische und tibetische Flüchtlinge. Das Restaurant musste nach Kataks Tod geschlossen werden.

Katak war ein guter Mensch. Er war froh, dass ich mich um sein Haus kümmerte. Trotzdem war es für mich nicht immer einfach. Er hatte Gepflogenheiten angenommen, die sich von unseren tibetischen Sitten sehr unterschieden. Ich habe mich angepasst. Wegen seiner Bildung wirkte er auf mich eher wie ein Inder. Er aß wie sie und führte ein modernes Leben. Er hatte Ideen, war ein Visionär, aber sein Volk kannte er kaum. Er gehörte einer anderen Welt an. Ich konnte ihm viele Informationen über die Lebensweise unserer Landsleute, über ihre Gewohnheiten geben. In der Politik kannte er sich viel besser aus als ich, aber bei allem, was das tägliche Leben anging, wusste ich besser Bescheid. Die gebildeten Leute verbringen ihre Zeit allzu oft mit bloßem Reden.

Gemeinsam eröffneten wir eine Schule für etwa fünfzig tibetische Waisenkinder. Heute arbeiten unsere ehemaligen Schüler in den Flüchtlingsgemeinden in Indien und Nepal.

Als mein erstes Kind zur Welt kam, war ich zwanzig. Die anderen kamen rasch aufeinander. Ich bin ein einfacher Mensch. Ich weiß nicht viel, aber als Tibeterin, die in einem freien Land lebt, fühle ich mich für meine Mitmenschen verantwortlich. So war es mein größtes Anliegen, meinen Kindern eine gute Ausbildung zu ermöglichen, damit sie sich zu unabhängigen und verantwortungsbewussten Menschen entwickeln.

Ich habe eine ganz klare Vorstellung von meinem Land. Ich brauche nur die Augen zu schließen, um es vor mir zu sehen, obwohl ich niemals dort war. Ich fühle es, ich sehe, wie es früher war, was aus ihm geworden ist und was es eigentlich sein sollte. Ich spüre ganz deutlich die Angst meiner Landsleute, die in Tibet geblieben sind. Ich bin empört über das, was dort vor sich geht. Die ständige Angst, in der meine Schwestern leben müssen, ist eine Schändung der Menschenwürde. Sie können nicht mehr frei über ihren Körper verfügen. Sie müssen abartige Grausamkeiten erleiden, werden zu Abtreibung und Sterilisation gezwungen. Die chinesischen Machthaber zerstören, vergewaltigen und morden, und sie werden nicht ruhen, bis die Tibeter ausgerottet sind. Deshalb sind die Frauenkörper ihre Hauptzielscheibe, sie werden regelrecht verstümmelt. Die Chinesen begreifen eines nicht: Indem sie die Frauen daran hindern, Leben zu schenken, töten sie ihre eigenen Mütter.

Im Juli 1988 trat in unserem Land ein Gesetz zur Geburtenregelung in Kraft. Es erlaubt jeder Familie zwei Kinder. Für das erste überzählige Kind muss ein Paar 500 Yuan Strafe zahlen, das sind drei Monatslöhne eines Beamten. Für das zweite illegale Kind 1000 Yuan. Im Jahre 1991 wurden schwangere Frauen gewaltsam aus ihren Wohnungen geholt, wie Straßenköter in Lastwagen gepfercht und in die Krankenhäuser gefahren. Dort wurden ihre Kinder abgetrieben, egal in welchem Schwangerschaftsmonat die Frauen sich befanden. Um die Abtreibung einzuleiten, wird der Mutter eine Spritze in den Unterleib verabreicht. Ist der Fötus nach der Austreibung noch am Leben, wird eine zweite Injektion in den Schädel des Kindes vorgenommen. In China ist die Praxis weit verbreitet, noch im neunten Schwangerschaftsmonat durch eine Spritze eine Abtreibung zu provozieren und ein Kind zu töten, das in wenigen Wochen das Licht der Welt erblickt hätte.

Wenn eine Frau mit Geburtswehen ins Krankenhaus kommt, verlangt man als Erstes ihre amtliche Berechtigungskarte, die bestätigt, dass sie ein Kind haben darf. Wenn sie diese Karte nicht vorweisen kann, lässt man sie ihr Kind zur Welt bringen und seinen Ersten Schrei hören. Ein paar Minuten später teilt man ihr mit, ihr Kind sei gestorben …

Wenn eine Frau unbedingt ein drittes Kind will, hat dieses praktisch keine Existenzberechtigung. Es bekommt keine offiziellen Papiere, keinen Pass, keine Reiseerlaubnis. Es erhält keine Lebensmittelkarte, es wird nicht eingeschult, von der Regierung zugeteilte Arbeitsstellen werden ihm verwehrt, und noch weniger kann es privaten Besitz erwerben. Es wird zum Gesetzlosen im eigenen Land.

In Tibet besteht keine Pressefreiheit. Unsere aktuellen Informationen stammen aus den Berichten der neu angekommenen Flüchtlinge. Die Tibetische Frauenvereinigung von Dharamsala sammelt diese Berichte, veröffentlicht sie und benutzt sie als Zeugnisse bei internationalen Konferenzen: In dem Buch *Tränen über Tibet* schildert eine gewisse Dolma aus der Provinz Amdo die Situation der Frauen in Tibet besonders eindringlich.

Als in ihrer Gegend die «Familienplanung» eingeführt wurde, lebten dort bereits zahlreiche Chinesen und Muslime. Für die chinesischen und muslimischen Frauen galt die gleiche Geburtenregelung wie für die Tibeterinnen. Für die Tibeter ist diese Beschränkung jedoch viel problematischer, denn sie sind in der Minderheit, und viele von ihnen leben als Mönche und Nonnen. Als die chinesischen Beamten zu Dolma kamen, erwartete sie ihr drittes Kind. Die Männer versuchten, sie zu einer Abtreibung zu überreden. Sie war im fünften Monat. Die Männer sagten: «Sie brauchen sich nicht zu fürchten, Sie bekommen nur eine einzige Spritze.» Dolma weigerte sich. Die Männer kamen mehrmals wieder. Aus Angst verließ sie das Haus und suchte bei ihrer Mutter Zuflucht, die in einem anderen Dorf wohnte. Dolmas Wohnberechtigungsschein galt aber nur für ihr eigenes Dorf; verreisen durfte sie nicht. Die Chinesen kamen wieder, diesmal mit Handschellen und Revolvern. Dolmas Mann war allein zu Hause. Die Beamten wollten wissen, wo seine Frau sich aufhielt. Als er antwortete, er wisse es nicht, schlugen sie ihn ins Gesicht, prügelten mit Stöcken auf ihn ein und drohten ihm mit Verhaftung.

Dolma wollte das Kind zu Hause auf die Welt bringen, und so kehrte sie zurück. Einen Monat später tauchten die Beamten wieder auf und drohten, ihr gesamtes Hab und Gut zu beschlagnahmen und ihren Mann zu verhaften. Verängstigt verpflichteten sich die beiden, bis zum fünfzehnten Lebensjahr des Kindes eine jährliche Strafe von 500 Yuan zu zahlen. Die Chinesen befahlen Dolma, im Krankenhaus vorstellig zu werden, und schließlich blieb ihr nichts anderes übrig, als das tatsächlich zu tun. Dort wurde ihr zur Betäubung eine Spritze in die Wirbelsäule verabreicht ... Trotzdem spürte sie alles, was die Ärzte taten. Es war sehr schmerzhaft: Sie wurde sterilisiert.

Im Operationssaal standen vier Tische, auf denen Frauen lagen. Dolma hat mit eigenen Augen gesehen, wie die Ärzte mit ihren langen Kanülen Spritzen in den Unterleib gaben und irgendein Gift in den Kopf des Fötus injizierten. Ein paar Stunden später erlitten die Frauen Fehlgeburten. Als Dolma auf die Toilette ging, sah sie, wie die Föten dort auf dem Boden lagen. Hunde fraßen sie auf. Die Eltern waren zu arm und konnten die Krankenhausrechnung nicht bezahlen. Darum durften sie die Föten nicht mitnehmen, um sie nach den religiösen Riten zu bestatten.

Wieder zu Hause, war Dolma so geschwächt und entmutigt, dass sie einen Monat lang im Bett bleiben musste. Noch heute leidet sie an Kreuzschmerzen.

Drei Jahre lang konnten Dolma und ihr Mann das Geld aufbringen, um die Strafe für ihr Kind zu bezahlen. Aber die Verwaltung hatte ihnen für das dritte Kind keine Lebensmittelkarte ausgehändigt. Also kostete alles mehr als üblich. Sie hatten Mühe, die verlangte Summe beiseite zu legen. Da es ihnen nicht erlaubt war, innerhalb der Landesgrenzen zu reisen, verließen sie ihr Dorf heimlich. So kamen sie schließlich nach Indien.

In ihrer Gegend gibt es zwei Abteilungen für Geburtenkontrolle und Sterilisationen. Die eine arbeitet in den Krankenhäusern und wendet die Vorschriften auf die Sesshaften an, die zweite ist mobil: Ihre Inspektoren ziehen von Dorf zu Dorf und sind auch für die Nomaden zuständig. Die Argumente, mit denen Mütter von einem oder zwei Kindern oder sogar kinderlose Frauen zur Sterilisation überredet werden sollen, sind: zu jung, zu alt, keine Arbeit, keinen Mann, schlechter Gesundheitszustand … Die Ärzte haben eine jährliche Quote zu erfüllen, andernfalls müssen sie selbst eine Strafe zahlen. Sie drängen Frauen zur Sterilisation, um am Jahresende eine Prämie für die Zahl der aufgelisteten Namen zu erhalten.

Dolma berichtete: «Als wir unser Dorf verließen, gab es dort nur sehr wenige kleine Kinder. Frauen ohne Kind oder mit nur einem Kind wurden sterilisiert, um die Quote zu erfüllen. Aus Angst fügten sie sich den Anordnungen, statt sich an die höchsten Instanzen zu wenden und diese illegalen Praktiken anzuprangern …»

Im vergangenen Jahr wurden allein in der Autonomen Region Tibet (T.A.R.) 900 Frauen sterilisiert. Die Tibeter sind bereits zur Minderheit in ihrem eigenen Land geworden. Heute schätzt man, dass zwischen vier und zwanzig Prozent der einheimischen Frauen sterilisiert sind. Dabei herrschte in Tibet über Generationen hinweg ein natürliches Wachstumsgleichgewicht, denn etwa fünf bis zehn Prozent der Tibeter leben als Geistliche und haben keine Kinder. Lediglich den Nomaden wird noch gestattet, vier Kinder zu haben. Dennoch ist aufgrund all dieser Faktoren kaum noch damit zu rechnen, dass sich die Größe der tibetischen Bevölkerung wieder stabilisiert.

Ein weiterer Schritt in dieser ethnischen Säuberungsaktion hin zu ihrem schrecklichen Ende: die massive Umsiedlung von Millionen von Han-Chinesen nach Tibet. Die Regierung in Peking belohnt die Han, die sich in Tibet niederlassen, mit Prämien und hohen Gehältern und fördert die Ausbildung ihrer Kinder … Vor allem in Lhasa wurden zahlreiche Schulen eröffnet. Die Unterrichtssprache ist Chinesisch. Wenn ein tibetisches Kind am Unterricht teilnehmen will, muss es Chinesisch können. Tibetisch wird nur als zweite Sprache unterrichtet.

Diese Praxis verstößt gegen das vierte Genfer Abkommen von 1949, das die massive Umsiedlung von Zivilbevölkerung in ein besetztes Gebiet untersagt, es sei denn, sie wäre eindeutig und ausdrücklich bewilligt. Sie verstößt gegen die Rechte des Volkes und des Umsiedlungsgebietes. Dieser Verstoß allein stellt schon eine Form der ethnischen Unterdrückung und des kulturellen Völkermordes dar.

Wenn ich bedenke, dass die Chinesen behaupten, sie hätten Tibet geholfen, sich zu entwickeln, und dass nach fünfzig Jahren Besatzung die mittlere Lebenserwartung bei vierzig Jahren und die Kindersterblichkeitsrate bei einhundertfünfzig von tausend liegt – in China dagegen bei dreiundvierzig von tausend! (Siehe auch Anhang III.)

Neben diesem ethnischen und kulturellen Völkermord werden auch unserem Ökosystem schwere Schäden zugefügt. Meine Vorfahren verstanden es, das natürliche Kleinod Tibets zu bewahren: seine Umwelt. Nun bahnt sich eine erschreckende ökologische Katastrophe an, und zwar nicht nur für Tibet, sondern für ganz Asien.

«Ich war seit jeher der Meinung, dass die Zukunft meines Landes, Tibet, auf dieser Basis (der Freiheit) beruhen muss. Tibet sollte zu einer neutralen, entmilitarisierten Friedenszone werden, in der Waffen verboten sind und die Menschen in Einklang mit der Natur leben. Dies ist mehr als nur ein Traum, es entspricht genau der Art und Weise, wie die Tibeter mehr als tausend Jahre vor der tragischen Invasion unseres Landes zu leben versuchten. In Tibet war die unberührte Wildnis streng geschützt entsprechend den Vorschriften des Buddhismus. Schon im 17. Jahrhundert erließen wir die ersten Gesetze zum Schutz der Umwelt, und somit waren wir möglicherweise eine der ersten Nationen, die sich bewusst mit Umweltschutz befasste!»

(Der Dalai Lama – Rio, 1992)

Viele Menschen in Indien und in der ganzen Welt sagen, sie lieben Tibet. Sie sollten sich am Kampf für seine Unabhängigkeit und die Erhaltung seiner Umwelt beteiligen. Diese Dinge liegen in unser aller Verantwortung. Wenn wir bedenken, dass wir alle voneinander abhängig sind, dann betreffen die Geschehnisse in einem Land zwangsläufig auch alle anderen. Wer den ursprünglichen Reichtum meines Landes und sein natürliches Ökosystem kennt und dann betrachtet, was in so kurzer Zeit aus diesem Land geworden ist, der weiß: Es ist höchste Zeit einzugreifen.

Die Provinzen Kham, aus der meine Familie stammt, und Amdo sind die schönsten Gegenden Tibets, sie gehören zu den Lungen der Erde. Sie sind von jahrtausendealten Wäldern[11] mit seltenen Baumarten bedeckt. Die Besatzer haben

....

11 Im Jahre 1950 bildeten die Wälder 9 % des Territoriums, etwa 252 000 qkm. Im Jahre 1985 waren es nur noch 135 700 qkm. (Umweltministerium Dharamsala.)

für Eigengebrauch und Export bereits über die Hälfte des Baumbestandes eingeholzt.

Unser Boden barg eines der weltweit größten ungenutzten Vorkommen von Uran, Gold, Kupfer, Lithium, Zink, Jade und anderen Mineralien. Für China sind das vierzig Prozent seiner Bodenschätze. Die Chinesen treiben schonungslosen Abbau, zu ihrem eigenen Nutzen, ohne auf die Bevölkerung oder die Umwelt Rücksicht zu nehmen. Die bedeutendsten Uranminen befinden sich in Amdo, in Nordtibet, in der Nähe des Sees Kokonaur. Der Wasserstand des Sees ist bereits um mehrere Zentimeter gesunken. Etwa fünfzig Menschen, die um die Minen herum gelebt haben, sind auf mysteriöse Weise gestorben. Sie alle hatten das Wasser aus dem See getrunken. Die Dorfbewohner bemerkten, dass der Minenabraum in den Fluss entsorgt wurde. Ihre Haut verfärbte sich blau. Bäume und Gras am Ufer starben plötzlich ab, ohne ersichtlichen Grund. Schließlich sprach einer der Dorfbewohner bei dem chinesischen Minenleiter vor und teilte ihm mit, das Wasser des Sees sei kontaminiert. Natürlich wollte der nichts davon hören. Statt zu diskutieren, brachte der Tibeter zwei Gläser Wasser aus dem See und bat den Chinesen, als Erster zu trinken. Dieser weigerte sich entsetzt. Das war ein Geständnis ...

Pemalas Augen haben sich zu zwei schmalen schwarzen Schlitzen verengt, ihr Tonfall ist ernst, ihr Lächeln ist verschwunden. Sie ist sehr aufgebracht.

Wieder einmal plündern die Kolonisten wie ausgehungerte Aasgeier die Schätze eines Landes, die das eigene Volk über viele Generationen sorgsam zu schützen verstanden hatte. Sie missbrauchen unser wundervolles Land für ihre Atomversuche. Sie stationieren ihre Raketen auf dem Dach der Welt. Mit ihrer Hilfe hätten wir uns der Welt öffnen können. Stattdessen ziehen sie es vor, mein Volk und meine Kultur durch Hunger, Ausbeutung und Zerstörung unserer heiligen Stätten zu vernichten. Das ist ein Genozid, ein Gulag, ein Holocaust.

Sie seufzt tief, dann schüttelt sie den Kopf, wie um ein schmerzliches Bild abzuschütteln.

In jeder tibetischen Familie wurden Angehörige gefoltert, verhaftet oder getötet. Mehr als hunderttausend Tibeter sind wie meine Familie ins Exil gegangen (siehe auch Anhang IV). Durch unser Exil haben wir der Welt unsere tief greifende Einheit demonstriert. Durch den Wiederaufbau unserer Tempel und Klöster ist es uns gelungen, unsere kulturelle und spirituelle Identität zu bewahren. Die Seele unseres Volkes ist nicht im Exil. Sie spendet all jenen Kraft, die geblieben sind. Sie spendet jenen Linderung, die in ihrem Heimatland leiden. Und bei unserer Rückkehr wird sie die von den Besatzern erstickte Lebensflamme neu entfachen. Sie wird unser befreites Land neu aufbauen.

Pemala blickt einen Moment nachdenklich vor sich hin, dann lächelt sie und kommt noch einmal auf die Natur in ihrer Heimat zurück. Während der Handarbeiten haben meine Mutter und meine ältere Schwester mir oft die Schönheit unserer Heimat beschrieben. Sie erzählten mir von unseren gigantischen Bergen und den wilden Tieren dort, über die sie viel wussten. Den Tibetern war die Natur heilig, sie achteten sie und lebten im Einklang mit ihr. Die Natur war den Menschen ein Schutz und umgekehrt ebenso. Als meine Kinder klein waren, erzählte ich ihnen abends von den Legenden und Gebräuchen unserer Heimat. Wir träumten gemeinsam von dem Tag, an dem wir die Schneeleoparden zähmen würden … Wir hatten hier immer einen kleinen tibetischen Hund, einen Lhasa Apso. Früher waren das die Klosterhunde. Ich wollte nicht, dass meine Kinder ihn schlecht behandelten. In unserer Kultur lieben wir diese Hunde, weil wir glauben, dass sie wieder geboren werden. Ich zitiere den Kindern oft einen Satz des Lama Khenpo Phuntsok: «Der Unterschied zwischen einem Menschen und einem Tier ist die Intelligenz und das Wort. Die Tiere haben Angst vor dem Menschen, weil er sie tötet, ihr Fleisch isst, ihre Haut und andere Teile ihres Körpers benutzt, statt sie zu beschützen.»

Zu den Dingen in Tibet, die mich besonders empören, gehört die gewerbliche Jagd auf Tiere, die vom Aussterben bedroht sind. Zu exorbitanten Preisen kann man Genehmigungen kaufen, um die tibetische Antilope, das Blauschaf und den Schneeleoparden zu schießen. Von unseren Riesenpandas gibt es nur noch wenige Exemplare. Ihr Schutz existiert nur auf dem Papier, wie der unsere auch … Manchmal frage ich mich, wie dieser Irrsinn sich jemals ändern kann. Warum in aller Welt legen es die Chinesen mit so viel Zorn darauf an, uns zu vernichten?

Vor der chinesischen Besatzung erhielten wir keine Schulbildung, doch unsere Kultur und unsere Religion vermittelte uns tiefe Kenntnisse. Die Natur selbst war unser Lehrmeister. Heute ist all das zerstört. Unser Glaube hatte sich aus einem altüberlieferten Wissen entwickelt, und seine Praktiken passten sich ganz natürlich in das alltägliche Leben ein – etwa die Aufmerksamkeit, die wir Kindern entgegenbringen, das Mitgefühl mit anderen und die Achtung vor den Alten. Die chinesischen Besatzer versuchen, all das zu vernichten.

Aus Angst vor Repressalien wagen es unsere Alten in Tibet nicht, ihren Kindern und Enkelkindern die wahre Geschichte unseres Volkes zu erzählen. Können Sie sich vorstellen, dass die Tibeter heute in ihrem eigenen Land wie verängstigte Tiere leben, ohne die Möglichkeit, sich mitzuteilen?!

Pemala weiß, dass ein anderes Volk, das ihrem eigenen in seinen Sitten und seiner Sprache sehr nahe steht, auf dem amerikanischen Kontinent Vergleichbares erlebt hat. Die Überlebenden wurden wie Tiere in Reservate gepfercht, heute sind sie zur Touristenattraktion verkommen. Doch sie sind auch einer der Schandflecken ihrer Kolonisten. Heute wollen die gleichen Kolonisten Tibet helfen, indem sie Druck auf China ausüben, und sie haben einen Mittler zwischen der tibetischen Exilregierung und China gewählt ...

Als die Chinesen im Jahre 1980 die Grenzen unseres Heimatlandes öffneten, wollte mein Mann sofort zurück. Leider verschlechterte sich sein Gesundheitszustand rapide, und er starb zwei Jahre später. Mir war es dann unmöglich, nach Tibet zurückzugehen. Drei Kinder und viele andere Menschen sind hier von mir abhängig. Vor seinem Tod holte Katak seinen jungen Geschäftspartner Pemba zu uns ins Haus. Er steht mir noch immer zur Seite, hilft mir, die Teppichfabrik, den Laden und das Haus zu unterhalten. Wir brauchen einander. Er reist oft nach Dharamsala, wo er ein Amt bekleidet. Inzwischen hat sich meine Situation verbessert, aber ich fühle mich immer noch verantwortlich für die Menschen um mich herum. Ich muss mich eben gedulden, bis der richtige Moment für mich gekommen ist, um nach Tibet zurückzukehren. Vor kurzem habe ich erfahren, dass die Reinkarnation meines Mannes gefunden wurde. Es ist noch ein kleines Kind, das in Tibet lebt. Meine Kinder und ich, wir würden es gerne einmal besuchen. *Lachend fügt sie hinzu:* Untereinander scherzen wir schon darüber. Die Kinder fragen sich, wie sie ihn anreden sollen, Papa oder Tulku. Das finden sie sehr lustig.

Als Katak starb, brach alles zusammen. Ich stand plötzlich vor Problemen, auf die ich überhaupt nicht vorbereitet war. Zum Glück war Pemba da. Er hat mir geholfen, mich gegen unsere einheimischen Teilhaber durchzusetzen, die alle gesetzlichen Mittel auf ihre Seite hatten. Das hat mich aufgerüttelt und mir wieder ins Gedächtnis gerufen, dass ich nur eine Exilierte in unserem Gastland bin. Da habe ich begonnen, für meine Würde und die Würde meiner Landsleute zu kämpfen. Es kam nicht infrage, zu resignieren und zu denken: «Das ist mein Karma.»

Manche Tibeter wollen den Dalai Lama allein für unser Schicksal verantwortlich machen. Ihnen entgegne ich immer: Schließlich ist es Ihm zu verdanken, dass wir in der ganzen Welt bekannt und anerkannt sind – unser Verdienst ist das nicht. Wenn Ihm etwas zustoßen würde, wären wir verloren. Wir sollten Ihm bei Seiner Aufgabe behilflich sein und uns bewusst machen, wie unsere Situation tatsächlich aussieht und welche Auswege es gibt. Das Leben ist weder Schicksalsfügung noch reines Reagieren, sondern Handeln mit dem Ziel Harmonie.

Viele von uns sind an Leib und Seele verletzt durch jene, die Angst säen, aus Angst vor ihrer eigenen Angst. Aber diese Verletzungen können uns unsere Freiheit nicht nehmen. Soviel wir auch gefoltert, gedemütigt, vergewaltigt werden, wir bleiben wir selbst. Unser Glaube ist eine Energie, die das Leiden auflöst. Den Chinesen ist es nicht gelungen, unseren Glauben zu unterdrücken. Unser Glaube verwirrt sie, und er wird bewirken, dass die Situation umschlägt – zu einem Zeitpunkt, zu dem niemand damit rechnet. Die chinesische Regierung wird allmählich nervös. Hochmütig lehnt sie jede Einmischung in das ab, was sie als innenpolitisches Problem betrachtet. Stattdessen verdoppelt sie die Gewalt, um möglichst alles zu vernichten, was mit unserer Kultur zusammenhängt, obwohl es zum weltweiten Erbe der Menschheit gehört.

«Wie kann man nun das Dach der Welt im Zustand wahren Friedens halten? Der Mensch ist die Hauptursache der Probleme auf diesem Planeten, ohne ihn wäre die Welt wesentlich sicherer. Um das Dach der Welt zu einer Stätte des wahren Friedens zum Wohle der ganzen Erde zu machen, ist es nicht nötig, das Verhalten der Tiere zu ändern, sondern das der Menschen: nicht durch Gewalt, sondern durch Spiritualität. Genau darauf ist die tibetische Kultur ausgerichtet, und wenn die

Tibeter wieder in Frieden in ihrem Land leben können, werden sie noch mehr Mitgefühl entwickeln. Dann wird Tibet eine Zone des Friedens, eine *Ashima** werden, und wir werden seine Umwelt schützen. Im Scherz sage ich: Tibet kann ein Feriengebiet werden, in das Menschen aus der ganzen Welt kommen, um aufzutanken. Die Chinesen halten das für einen Traum oder einen frommen Wunsch, nichts Ernstzunehmendes. Doch es ist weitaus ernster zu nehmen, als sie glauben. (*Lachen.*) Es ist ein Ideal. Wenn wir es ernsthaft angehen und nicht als einen Traum betrachten, dann halte ich es für möglich, dieses Ideal zu verwirklichen ... In unserem nationalen Kampf für die Freiheit haben wir ein neues Konzept der Gewaltlosigkeit entwickelt, das auf Mitgefühl basiert. Wir achten das chinesische Volk, und wir fühlen, dass seine Zukunft uns etwas angeht ... Viele jungen Chinesen bringen den Tibetern echtes Interesse entgegen, sie sind für unsere Sache sensibilisiert. Die Bewahrung der tibetischen Kultur ist nicht nur für uns selbst wichtig, sondern auch für Millionen Chinesen. Mein persönlicher Wunsch seit über zehn Jahren ist es, in China auf dem Platz des Himmlischen Friedens eine kulturelle Initiation durchzuführen.

Vor dem Hintergrund des mitfühlenden Denkens sind wir alle menschliche Wesen. Unterschiede zwischen den Rassen gibt es nicht. Von diesem Standpunkt aus möchte ich den Chinesen wirklich genauso helfen wie den Tibetern. Wenn China mit seiner uralten Zivilisation mehr Mitgefühl und Toleranz entwickelt, kann es einen großen Beitrag zum Weltfrieden leisten. Wenn unser Kampf für die Freiheit gewaltlos bleibt und Erfolg hat, wird das Dach der Welt ein Vorbild und eine Stätte der Anregung für alle sein. Ich werde nach Tibet heimkehren können. Meine Rückkehr im Frieden wird ein Exempel der Versöhnung darstellen.»

(Der Dalai Lama)

Die Nacht bricht herein. Motorräder, Taxis und Rikschas sind beleuchtet. Der Lärm der Hupen und Fahrradklingeln schwillt an und überdeckt schließlich unsere Stimmen.

Ich glaube, es wird Zeit, den Laden zu schließen, *sagt Pemala.* Gehen wir nach Hause, wir können beim Abendessen weiter reden.

Im Colas-Nagar-Viertel, am Stadtrand von Pondicherry, betreten wir eine schöne Villa. Die ganze Familie sitzt vor dem kleinen Fernseher und folgt gebannt einem Film mit Bruce Lee. Die Jüngsten kommentieren, spielen die Szenen nach. Sie werfen uns ihr «Tashi Delek» zu, ohne den Blick vom Bildschirm zu wenden. Tenzin, Pemalas älteste Tochter, bringt uns ein Glas Tee, berichtet auf Tibetisch von den Ereignissen des Tages, wendet sich mir zu und erkundigt sich in tadellosem Französisch nach meinem Befinden.

Pemala führt mich in ihr Zimmer. Pemba, ihr Lebensgefährte, steckt fröhlich den Kopf zur Tür herein und fragt: «Was wollt ihr Frauen heute Abend essen?» *Pemala wirft mir einen fragenden Blick zu.* «Eine Tupa», *antworte ich. Pema lacht lauthals heraus.* «Ach, diese Französinnen, die wollen immer das Gleiche, Nudeln, dabei ist ein Curry-Hühnchen so etwas Feines.»

Als wir genug gelacht haben, fährt Pemala fort: Hier in Pondicherry sind wir eine kleine Gemeinschaft von etwa zwanzig Leuten. Nicht alle leben in diesem Haus. Wir stellen das her, was wir können. Kelsang, mein Schwager, ist der unangefochtene König der tibetischen Teigwaren und beliefert die ganze Stadt damit. Meine Schwester Dolma beaufsichtigt die Teppichfabrik, wenn Pemba auf Reisen ist. Außerdem ist sie die Königin des *Chang*, niemand kann das tibetische Bier so gut zubereiten wie sie. Ich kümmere mich um den Laden … So haben wir ein Auskommen und können die Neuankömmlinge unterstützen, bis sie sich allein zurechtfinden. Wenn wir etwas Geld übrig haben, stiften wir es einem Kloster. Ich bemühe mich, die Menschen, mit denen ich zu tun habe, zur Unabhängigkeit zu ermutigen. Durch das Kunsthandwerk, das ich verkaufe, konnten die Kinder auch nach dem Tod ihres Vaters weiter zur Schule gehen. Wie er haben sie die Ashram-Schule von Sri Aurobindo besucht. Auch ich habe dabei viel gelernt. Ich halte große Stück auf eine Erziehung, die traditionelle und moderne Werte kombiniert. Sie ermöglicht dem Einzelnen eine universelle Entwicklung, vermittelt ihm Verantwortungsgefühl und das Bewusstsein seiner Zugehörigkeit zur Welt.

Zu viele Leute glauben, Ausbildung sei die Anhäufung von Prüfungen und Diplomen. Doch alle Prüfungen der Welt sind nutztlos, wenn wir nicht Sensibilität und analytischen Verstand entwickeln, die uns ermöglichen, eine bessere Welt zu schaffen. Das ganze Leben ist Ausbildung, nicht nur für die Kinder. Kinder haben noch einen klaren Geist, eindeutige Wahrnehmungen, die nicht durch vorgefasste Ideen getrübt werden. Kinder sind großartig. Wie Erwachsenen glauben oft, wir wüssten alles. Stattdessen sind wir langweilig, wir werden alt und machen uns das Leben schwer. Wenn unser Geist offen bleibt, können wir aus jedem Ereignis lernen und uns daran freuen.

Die Situation der Frauen hat sich in kurzer Zeit in tief greifender Weise verändert. Vor dreißig Jahren hatten wir eine bestimmte Lebensweise, heute sind wir mit einer ganz anderen Lebensart konfrontiert. Wir müssen uns die Frage stellen: Was kann ich tun? Was für ein Leben will ich führen? Welchen Beitrag leiste ich für die Menschenfamilie? Wir tragen große Verantwortung. Es gibt so viele Dinge, die nur Frauen schenken können, Männer nicht – und umgekehrt. Zum Beispiel haben wir diese phantastische Gabe, Mutter zu sein, unsere Kinder großzuziehen und ihre ersten Erfahrungen mitzuerleben. Das ist eine wunderbare Gnade, die es uns ermöglicht, unsere Zärtlichkeit und unsere Fürsorge weiterzugeben. Auch wenn es nicht Ziel aller Frauen ist, Mutter zu sein, sollten wir in all unserem Tun handeln, als wären wir es: Wir sollten unsere Taten zu einer Liebesgabe machen. Wenn wir diese Seinsweise annehmen würden, gäbe es viel mehr Frieden und Harmonie in den Familien, den Gemeinschaften und der Welt. Bei uns besagt ein Sprichwort: «Ohne das Zusammenwirken der männlichen und der weiblichen Energie kann nichts funktionieren, weder Schöpfung noch Entwicklung. Diese Energien sind wie die beiden Schwingen eines Vogels. Mit einer Schwinge kann der Vogel nicht fliegen. Nur wenn beide Schwingen die gleiche Kraft haben, kann er fliegen. Die Mutter verkörpert die Weisheit, der Vater die Glückseligkeit.»

Nach dreißig Jahren Exil stehen wir derzeit vor einem wirklichen Problem. Unsere Flüchtlingslager sind überbelegt. Unsere jungen Leute erhalten eine Ausbildung, aber viele finden nach ihrer Schulzeit keine Arbeit, die ihrer Ausbildung entspricht. Stattdessen lassen sie sich vom leicht verdienten Geld verlocken. Sie leihen sich etwas von den Älteren, gehen nach Nepal, kaufen gefälschte Antiquitäten, die sie an Touristen weiterverkaufen. Das ist ein Mittel zum Überleben, aber ohne Perspektive. Die Jungen heutzutage wollen nicht mehr hart arbeiten, wie wir es am Anfang tun mussten, und ich kann sie auch verstehen. Sie sind nicht in der gleichen Notlage, wie wir es bei unserer Ankunft in Indien waren. Weil wir ins Exil gegangen sind, sollen sie die Last unserer Vergangenheit tragen. Sie werden aber von einem anderen Leben angezogen: Sie begegnen vielen westlich geprägten Menschen, die Indien bereisen. Sie glauben, deren Leben sei einfach. Sie versuchen, diese Menschen zu imitieren, und verlieren dabei sich selbst. Das ist traurig. Das ist auch einer der Gründe dafür, dass wir bald in unsere Heimat zurückkehren müssen, um ein Gleichgewicht zwischen der Vergangenheit und der Gegenwart zu finden. Außerdem werden zu viele Tibeter materiell unterstützt. Wir dürfen nicht mehr so abhängig sein. In der ersten Zeit war diese Unterstützung eine große Hilfe, doch langfristig kann sie die Selbstachtung zerstören und bei manchen auch die schöpferische Energie zum Erliegen bringen. Ich möchte die «Sponsoren» bitten, nicht zu bereitwillig zu geben. Das ist nicht immer förderlich. Der Mensch ist nun mal ganz menschlich, und allzu leicht verdientes Geld wird schnell zur Gewohnheit. Das Leben erbaut sich nicht von allein. Stattdessen wäre es sehr nützlich, uns in solchen Bereichen zu fördern und zu beraten, in denen wir keine Erfahrung haben, etwa beim Aufbau internationaler Unternehmen. Ein einziges erfolgreiches Beispiel würde genügen, dem könnten dann viele nacheifern.

Unsere Alten gehen von uns. Bevor es zu spät ist, müssen sie der jungen Generation unsere traditionellen Werte vermitteln, damit diese ihren Geist nicht von den leichten und wertlosen Dingen der Welt verschmutzen lässt. Der Buddhismus ist das wichtigste Verbindungsglied der Tibeter untereinander. Seine Philosophie entwickelt die innere Kraft, den analytischen Geist, das Verständnis der Welt und des eigenen Wesens. Alle Menschen auf Erden gehören zur selben Welt. Der Dalai Lama symbolisiert den spirituellen Aspekt der buddhistischen Philosophie. All das darf uns nicht verloren gehen.

Wenn wir nach Tibet zurückkehren, müssen wir alles mitnehmen, was wir gelernt haben, wir müssen versuchen, den Schaden wieder gutzumachen, den die kommunistische Indoktrinierung, die Gehirnwäsche angerichtet hat. Wir werden viel Geduld benötigen, um die unter der chinesischen Besatzung geborene Generation zu begreifen, die weder die wahre Geschichte unseres Landes noch ihre eigene Muttersprache kennt. Wir werden jenen, die mit den Chinesen gemeinsame Sache gemacht haben, viel Verständnis entgegenbringen müssen.

Es wurde eine Verfassung für das freie Tibet vorgelegt. Sie sieht vor, dass der Dalai Lama Seine Macht einem Präsidenten überträgt, der von den Repräsentanten einer demokratischen Regierung gewählt worden ist; ein gemischtwirtschaftliches System, das allen Bürgern Rechte einräumt und sich an den internationalen Statuten und Rechten orientiert. So soll Tibet zu einer entmilitarisierten Friedenszone werden. Es wird betont, dass die Exiltibeter kein Recht haben, Privilegien einzufordern. Regieren werden die Tibeter aus Tibet selbst, und bei ihnen wird auch die Entscheidung liegen, ob die Exiltibeter an der Regierung beteiligt werden sollen. Die in Tibet lebenden Chinesen sollen in drei Kategorien eingeteilt werden: jene, die vor 1959 nach Tibet gekommen sind, jene, die nach 1959 gekommen sind, und die dritte, viel engere Kategorie der Militärangehörigen, Technokraten und Berater.

Inzwischen wurden viele Chinesen in Tibet geboren. Die Kinder aus den Mischehen fühlen sich natürlich in Tibet zu Hause. Es liegt in unserer Verantwortung, sie zu integrieren und zu respektieren, ohne jede Diskriminierung. Wir werden uns von unseren Vorbehalten gegen sie freimachen müssen. Das ist eine schwere Aufgabe, doch wir müssen sie auf uns nehmen. Erst dann wird die eigentliche Arbeit beginnen. Wir werden bescheiden sein und ein großes Maß an liebevoller Fürsorge an den Tag legen müssen und noch weitaus mehr Mitgefühl.

Manchmal frage ich mich, wie viele von uns willens sein werden, jenen, die in Tibet geblieben sind und ihr Leben aufs Spiel gesetzt haben, um das Land zu schützen, und jenen, die unter dem totalitären Regime der Chinesen aufgewachsen sind, spontan zu dienen, sie zu leiten und zu erziehen. Diese Situation wird gesellschaftliche und politische Probleme heraufbeschwören. Wie werden wir ihnen die Geschichte und die Kultur ihres Landes ohne Konflikte nahe bringen können? Das ist die Frage, der wir uns bei unserer Rückkehr stellen müssen.

Dank des Dalai Lama, dank unserer Kultur glaubt die Welt an uns und bringt uns große Achtung entgegen. Dessen müssen wir uns würdig erweisen. Doch wir sind keine Engel, wir sind nur Menschen, allerdings mit einer außergewöhnlichen Leitfigur.

Nicht durch meine Haut und mein Aussehen bin ich Tibeterin, sondern viel tiefer, in meinem Innern. Wenn wir alle wieder in unserer Heimat vereint sind, wenn auf dem Dach der Welt wieder Harmonie eingekehrt ist, dann wird die ganze Welt begreifen, was das Wort Frieden wirklich bedeutet.

Dieser letzte Satz hallt in meinem Herzen wider. Ich denke zurück an diese drei Tibeterinnen, drei Schicksale, drei unterschiedliche Symbolfiguren aus der gleichen Tragödie. Ama Adhe, die Widerstandskämpferin aus dem Nomadenvolk, Rinchen Dolma Taring, die Aristokratin, und Pemala, die im Exil geborene Khampa-Kriegerin: sie alle kämpfen dafür, dass das Leben in ihrer Heimat wieder aufblühen kann. Sie kämpfen für ihre **Rückkehr** *nach Tibet.*

Alle versammelt
im tibetischen Reich
(1996)

ZHANG ZHUNG

Weißer Kranich
Leih mir deine Flügel
Ich werde nicht weit fliegen
Aus Lithang werde ich heimkehren.

DER 6. DALAI LAMA

Ich bin quer durch Indien gereist, um auf die Stimmen der Exilierten zu lauschen; dabei habe ich ihre Körper beobachtet, die vom Leiden gezeichnet waren, die aber alle eine Gewissheit in sich trugen: **die Rückkehr**.

Einige Monate später befinde ich mich auf einer Bergstraße Richtung Transhimalaya, wiederum mit Indern, Tibetern und Menschen aus dem Westen. Wir stehen vor einem natürlichen Hindernis, das uns den Weg nach Spiti versperrt. Die Elemente haben aufbegehrt, ein riesiger Felsbrocken hat sich gelöst und blockiert nun die Straße. Wir stehen vor einer Festung. Eine Initiationsprüfung, bevor wir das Tal von Spiti betreten dürfen, das mehr als zehn Jahrhunderte lang zum tibetischen Reich Zhang Zhung gehörte.

Wir überlassen uns nicht dem Fatalismus, es herrscht gute Laune. Hacken, Bulldozer und Dynamit sind schon im Einsatz. Das Kommen und Gehen zwischen Autos und Explosionen wird zum Spiel. Die neuesten Neuigkeiten werden kommentiert. Am Straßenrand entstehen improvisierte *Tea-Shops*. Auch Mister Coca-Cola ist beim Stelldichein zugegen. Die Businsassen werden ungeduldig, ziehen die Rucksäcke auf und klettern den Berg hinauf. Sie umgehen den strategischen Punkt und setzen ihren Weg fort. Einige Autofahrer richten sich notdürftige Nachtlager her. Andere kehren um und fahren auf der Suche nach ein wenig Bequemlichkeit in die Zivilisation zurück. Nach sechsunddreißig Stunden Geduld, Zusammentreffen und Wiederbegegnungen öffnet sich bei Anbruch der Nacht endlich eine Bresche.

Motoren heulen auf, die Fahrzeuge bringen das Hindernis schleunigst hinter sich, als könne es sich in ein paar Stunden wieder schließen. Die lange Reihe von Autos, Bussen und Lastwagen schiebt sich über Nacht die schmale und gefährliche Straße zum Kloster Tabo im kahlen Tal von Spiti entlang. Dort wird das tausendjährige Jubiläum des Klosters begangen, und zugleich werden wir an einer *Kalachakra**-Einweihung teilnehmen, die der Dalai Lama für den Frieden in der Welt durchführt. Das *Kalachakra-Tantra* ist eine uralte Initiationsform des tibetischen Buddhismus.

«Tabo 1000» lockt über vierzigtausend Menschen in ein 500-Seelen-Dorf. Einige atmen mit hochgereckter Nase die Luft der lange vermissten Heimat ein. Anderen ist noch gar nicht bewusst, dass sie zu Hause sind. Doch das in diesem Land so einmalige Blau des Himmels ist ihnen vertraut. Lockere Wolkenformationen bringen ihre Botschaften. Sie werden entziffert.

Die Landschaft ist atemberaubend. Die Berghänge sind übersät mit Felsen in Gestalt von Göttinnen, die über uns wachen und zu uns sprechen. Die felsigen Abhänge erinnern an Überreste von uralten Höhlensiedlungen oder an von Sandstürmen abgeschliffene Bergfriede. Auf einigen Gipfeln meditiert Lord Buddha im Lotossitz. Im Spiel von Licht und Schatten lässt sich *Tara*, die Beschützerin, erahnen, die verborgen in der Höhlung eines Felsens wohnt. Die Götter sind bei uns in dieser uranfänglichen Stille.

Tausende von Augenpaaren blicken gebannt auf einen Berghang: Dort sind wilde Ziegen aufgetaucht, die munter von einem Felsen zum anderen springen. Lange hatten sie die Gegend verlassen. Die Leute aus dem Tal sagen, ihre Rückkehr sei ein gutes Omen. Die Sterne am Nachthimmel wirken riesengroß. Es sind Kristalle, die den Himmel beleuchten. In ihrem Licht lassen sich an den kahlen Hängen wie in einem Schattenspiel geheimnisvolle Gestalten ausmachen, die sich mit sicherem Schritt über diese wieder gefundene Erde bewegen.

Mit Tagesanbruch erwacht das Leben. Im alten Tempel versammeln sich die Mönche zu einer Zeremonie für die Schutzgötter. Schellen und Hörner wecken die Verspäteten. All jene, die das Allerheiligste nicht betreten dürfen, also auch die Frauen, bewundern im Hof den Sonnenaufgang über den schneebedeckten Gipfeln. Die Stände öffnen für den ersten Tee des Tages, der getrunken wird, bevor sich die Menge vor dem Dalai Lama versammelt.

Auch Er erzählt uns, dass Er die Ziegen beobachtet hat.

«Die Erde ist zufrieden», sagt Er. Die Menge betet mit Ihm *Mantras*. Im alten Kloster senkt Maitreya, der Buddha der Liebe und des künftigen Weltzeitalters, seinen erleuchteten Blick auf jene, die ihm die Augen entgegenheben. An diesem vergessenen Ort ist neues Leben eingekehrt.

Buddhisten und Nichtbuddhisten treffen sich hier am Morgen und am Abend, um einander zu begegnen und gemeinsam zu beten.

Täglich versammeln sich zwanzigtausend Menschen im Hof des neuen Tempels, um der Lehre des Dalai Lama zu lauschen.

Ein einheimischer Musiker verleiht seiner Dankbarkeit Ausdruck. Vor dem Thron trommelt er auf einer Yakhaut. Der Dalai Lama schaut ihm zu, hört ihm zu, lächelt ihn an. Man lässt ihn trommeln. Die Menge aus einer anderen Welt ist farbenfroh, zusammengewürfelt. Die Frauen aus den Tälern von Lahaul, Spiti, Kennaur, aus Ladakh und Tibet in ihren Festgewändern erinnern an Peruanerinnen der Hochebenen oder an Indianerinnen, die aus ihren Reservaten gekommen sind, um ihr Oberhaupt zu hören und mit ihm am heiligen Tanz der Erde teilzunehmen. Wir sehen den Dalai Lama auf dem Stück Boden tanzen, das dem *Kalachakra-Mandala** vorbehalten ist. Er bittet die Erde um Erlaubnis, dieses *Mandala* zu erbauen. Alle Hindernisse werden durch die vier Pforten des Universums hinausgeschoben.

In den alten Zeiten führten die Dalai Lamas diese Initiation nur ein einziges Mal in ihrem Leben durch. Einige sogar niemals. Wegen des Zustandes der Welt in diesem ausgehenden Jahrtausend hält es der 14. Dalai Lama Tenzin Gyaltso für nötig, den Rhythmus zu beschleunigen, um die Aktionen zu vervielfältigen, die Er zur Verbreitung des Friedens für unerlässlich hält. Sein Ziel ist es, in jedem von uns den Geist von Verantwortung, Mitgefühl und gegenseitigem Aufeinander-angewiesen-Sein zu entwickeln.

Auf seinem Thron überragt Er die Menge, Er lächelt allen

Ihm zugewandten Seelen zu. Er durchdringt sie, Er liest in ihnen. Er erfüllt sie mit Frieden und befreit sie von ihren Qualen. Er spricht zu ihnen mit allem Mitgefühl, das Er verkörpert.

Er erklärt, die Quelle unseres Leidens liege im unwissenden Geist (Mental), der die Wirklichkeit verschleiert, Buddha schlummere in jedem von uns, wir alle hätten die Möglichkeit, Erleuchtung zu erlangen. Unsere Gefühls- und Gemütsregungen müssten umgewandelt werden, denn sie sind die Ursache unserer Ängste, unseres Zorns und unseres Neides. Wir seien auf Erden, um unsere Fähigkeiten zu pflegen, zu entwickeln und zu verwirklichen, und der richtig eingesetzte Geist (Mental) eröffne ein ungeahntes Potential an Kreativität, Freude und Harmonie. Man solle niemals davor zurückschrecken, sich zu engagieren und Verantwortung zu übernehmen. Wie das 20. Jahrhundert das Zeitalter des Krieges gewesen sei, so werde das 21. jenes des Dialogs werden.

Gelegentlich unterbricht Er Seine Ansprache, um einen vor Ihm sitzenden Mönch, der eingenickt ist, liebevoll zu ermahnen. Er erklärt, es sei sinnlos, Gebete oder *Mantras* mechanisch zu rezitieren, ohne sich der Größe ihrer Kraft bewusst zu sein. Es sei ebenso sinnlos, heilige Orte zu besuchen, ohne deren Essenz zu begreifen, und die wahren Schutzgötter seien in uns. Lachend fordert Er die Mönche auf, sich häufiger zu waschen, denn ihr Geruch belästige die anwesende Menge.

Er hält Zwiesprache mit den Buddhas, den Dakinis* und den Ortsgottheiten, die Ihn umgeben. Er bittet sie, die Tieropfer zu beenden. Er ist wieder zu Chenrezig geworden, dem liebenden Buddha des Mitgefühls. Für die Zeit einer *Kala-*

chakra-Einweihung legt Er seine Rolle als Globetrotter ab, der durch die Welt reist, um die tibetische Kultur bekannt zu machen und für sie einzutreten. Stattdessen verwandelt Er sich wieder in Vater und Mutter jener, die Ihn umgeben. Er dringt in ihre Herzen.

Er ist wieder in seine Lieblingsrolle geschlüpft: die des Lama, der dem Weg der großen Eingeweihten zum heiligen Berg Kailash folgt, zum Wohnsitz der Götter im tibetischen Reich Zhang Zhung. Er befindet sich im alten Tibet und zugleich an der Pforte des neuen Tibet. Nur ein Schritt trennt Ihn von der unsichtbaren Grenze Seines Landes. Er setzt seinen Marsch fort, Er sammelt Sein Volk zur **Großen Rückkehr**.

Die Alten tanzen im Hof des Tempels den «Tanz von Tashi Shölpa», der aus einem Traum des 7. Dalai Lama entstanden ist:

An die hohe Statue habe ich die lange Leiter gelehnt
Vor dem prächtigen Kopfputz des Gottes
Habe ich gleich einem Wandbehang einen Opferschal
   niedergelegt
Unnötig ist es, nur eine Prise zu nehmen
Überall ist Fülle
Wir, die Alten,
Tashi Shölpa genannt
Aus dem Land Yarlung
Wollen euch in diesem Jahr, auf dieser fremden Erde,
Diesen Tanz zeigen,
Damit in einer günstigen Zeit
Unser Land seine volle

Unabhängigkeit wiedergewinnt,
Damit der Dalai Lama, der Große Beschützer,
Auf dem Hohen Goldthron Platz nehmen wird,
Damit auf der Bühne des Sommerpalastes Norbulinka
Wir, die Weißbärtigen, erneut tanzen können.
Deshalb singen wir dieses glückbringende Gebet.

Während dieses Buch seiner Fertigstellung entgegengeht, scheint es, als sei die Hoffnung der Tibeter nicht vergeblich gewesen. Endlich soll offiziell der Dialog zwischen tibetischen und chinesischen Regierungsbeamten eröffnet werden.

Bei seinem letzten Aufenthalt in Frankreich im Juni 1998 gab der Dalai Lama der Nationalversammlung bekannt, über verschiedene private Kommunikationskanäle unterhalte Er inoffizielle Kontakte zur chinesischen Regierung. Wenige Tage später wurde im chinesischen Fernsehen anlässlich des Clinton-Besuchs die erste im ganzen Land zu empfangende Direktübertragung einer Pressekonferenz ausgestrahlt. Neben Jiang Zemin stehend, sprach Clinton in Bezug auf das Massaker von Tiananmen (Platz des Himmlischen Friedens) den denkwürdigen Satz: «Der Einsatz von Gewalt und der Verlust von Menschenleben waren ein Fehler.» Clinton hielt eine Lobrede auf die freie Meinungsäußerung, auf Versammlungs- und Religionsfreiheit, und legte Jiang Zemin dringend ans Herz, mit dem Oberhaupt der Tibeter, dem Dalai Lama, in Dialog zu treten. Jiang Zemin enthüllte daraufhin seinerseits die Existenz geheimer Kontakte mit dem spirituellen Oberhaupt der Tibeter. Daraufhin erklärte Lodi Gyari, der Repräsentant der tibetischen Exilregierung, in einem Interview mit der *Washington Post*: «Der Dalai Lama wünscht, eine Pilgerreise zu den fünf heiligen Gipfeln der chinesischen Buddhisten am Mount Wuta in der Provinz Shanxi zu unternehmen. Auf dieser Reise wünscht Er, Herrn Jiang Zemin zu treffen.»

Der Dalai Lama kommentierte die historische Fernsehdebatte für John F. Burns von der *New York Times*: «Diese Entwicklung ist mit das Beste, was für Tibets Sache geschehen ist. Sie zeigt, dass die Zeit reif ist, einen Ausweg für Tibet zu finden. [...] Zahlreiche Intellektuelle, die maßgeblich zur öffentlichen Meinungsbildung beitragen, haben die Debatte verfolgt. Hier findet eine regelrechte Revolution statt, auch wenn sie in China selbst noch wenig zur Kenntnis genommen wird.

Chinesische Dissidenten hatten bereits im Vorfeld eine Serie von Artikeln veröffentlicht, in denen sie die chinesische Regierung auffordern, ihren harten Kurs in der Tibet-Politik zu beenden und auf die Autonomie Tibets hinzuwirken. Diese Artikel beriefen sich auf einen Entwurf, den Gelehrte im Jahre 1994 für die chinesische Verfassung formuliert hatten. Darin war vorgesehen, China nach föderalen Prinzipien zu gestalten und den Regionen, deren Bevölkerung nicht zu den Han-Chinesen gehört, ihre Autonomie zurückzugeben.»

Das Rad dreht sich.

ANHANG

Ansprache Seiner Heiligkeit des 14. Dalai Lama

10. März 1997, 38. Jahrestag
des nationalen Volksaufstandes in Tibet

Botschaft Seiner Heiligkeit
des Dalai Lama

In diesem ausgehenden 20. Jahrhundert begehen wir den 38. Jahrestag des nationalen Volksaufstandes in Tibet. Wir leben in einer Zeit, in der die Menschheit unbestreitbar einen kritischen Punkt ihrer Geschichte erreicht hat. Die Welt wird von Tag zu Tag kleiner, die gegenseitige Abhängigkeit voneinander nimmt zu. Heute kann eine Nation ihre Probleme nicht mehr alleine lösen. Ohne Verantwortungsbewusstsein auf Weltebene ist unsere gesamte Zukunft in Gefahr.

Militarisierung, Entwicklung, Umwelt, Bevölkerungsentwicklung und konstante Suche nach neuen Energiequellen und Rohstoffen: diese Probleme unserer Zeit erfordern anderes als unkoordinierte Einzelaktionen und kurzsichtige Lösungen. Bisher hat der Fortschritt der modernen Wissenschaft maßgeblich dazu beigetragen, die Probleme der Menschheit zu lösen. Heute genügt dieser Ansatz nicht mehr. Um die anstehenden Fragen von weltweiter Bedeutung wirksam zu bearbeiten, ist es notwendig, nicht nur den rationalen Aspekt des menschlichen Geistes zu fördern, sondern auch seine anderen, nicht minder wertvollen Fähigkeiten: seine Fähigkeit zu Liebe, Mitgefühl und Solidarität.

Wer heute verantwortungsvoll leben und handeln will, benötigt eine neue Art des Denkens. Wenn wir weiterhin an überholte Werte glauben, wenn wir an einem fragmentierten Bewusstsein und einer selbstzentrierten Geisteshaltung festhalten, werden wir bald feststellen, dass die Ziele, die wir verfolgen, ebenso wenig zeitgemäß sind wie unser Verhalten. Eine solche Geisteshaltung würde jeden Übergang zu einer interdependenten, globalen, aber friedlichen und kooperativen Gesellschaft blockieren. Wir müssen aus unseren Erfahrungen lernen. Die Entwicklung im 20. Jahrhundert zeigt, dass das Leiden des Menschen, sein Verlust an Würde, sein Mangel an Freiheit und Frieden einzig und allein dadurch begründet sind, dass zur Konfliktlösung immer wieder auf Gewalt zurückgegriffen wird. Unser Jahrhundert kann und muss als Zeitalter des Krieges und des Blutvergießens bezeichnet werden. Wir stehen also vor der Herausforderung, aus dem kommenden Jahrhundert ein Zeitalter zu machen, in dem Konflikte durch Dialog und Gewaltlosigkeit gelöst werden.

In jeder menschlichen Gemeinschaft treten zwangsläufig Meinungsverschiedenheiten und Interessenkonflikte auf. Wir können die Augen nicht mehr vor der Tatsache verschließen, dass wir alle aufeinander angewiesen sind und dass die begrenzte Größe unseres Planeten uns zum friedlichen Zusammenleben zwingt. Die einzig vernünftige und intelligente Methode, Unstimmigkeiten und Konflikte auf persönlicher wie auf internationaler Ebene zu lösen, ist der Dialog. Es ist die oberste Pflicht der internationalen Gemeinschaft, in allen Bereichen, in denen Weichen für die Zukunft der Menschheit gestellt werden, die Bereitschaft zu Dialog und

Gewaltlosigkeit zu entwickeln. Die Regierungen können sich nicht länger darauf beschränken, dem Prinzip der Gewaltlosigkeit beizupflichten oder es zu vertreten, ohne gleichzeitig konkrete Schritte zu seiner Verwirklichung zu unternehmen.

Aufgrund dieser Überzeugungen habe ich das tibetische Volk in seinem Freiheitskampf den Weg der Gewaltlosigkeit geführt, und ich habe mit der chinesischen Regierung in Verhandlungen, die vom Geist der Versöhnung und der Kompromissbereitschaft geprägt waren, nach einer Lösung für die tibetische Frage gesucht, die für beide Seiten akzeptabel ist. Von der buddhistischen Botschaft der Gewaltlosigkeit und des Mitgefühls inspiriert, bemühen wir uns, jede Lebensform zu respektieren. Deshalb haben wir uns gegen den Krieg als Instrument der nationalen Politik entschieden. Für uns Tibeter ist der Weg der Gewaltlosigkeit eine Frage des Prinzips. Ich bin überzeugt, dass diese Haltung sich auf lange Sicht als realistischer, uneingeschränkt vorteilhafter Weg erweisen wird.

Anlässlich des Jahrestages des tibetischen Volksaufstandes müssen wir feststellen, dass auch in diesem Jahr die Unterdrückung in Tibet eskaliert ist: Die chinesische Regierung begeht weiterhin schwere Verstöße gegen die Menschenrechte, und das in großem Maßstab. Seit die chinesische Regierung im vergangenen April einen besonders harten Kurs eingeschlagen hat, erleiden die Tibeter in zunehmendem Maße Misshandlungen und Verhaftungen, nur weil sie auf friedliche Weise ihren politischen Wünschen Ausdruck verleihen. Im Zuge der politischen Umerziehung, die von der chinesischen Führung in den Klöstern in ganz Tibet durchgeführt wird, kam es zu einer Vielzahl von Abschiebungen, Verhaftungen und Hinrichtungen. Nach wie vor sorge ich mich auch um das Schicksal von Gedhun Choeki Nyima, dem Jungen, den ich als 6. Panchen Lama erkannt habe und über dessen Verbleib nach wie vor nichts bekannt ist.

Im letzten Jahr hat China mit der Behauptung, es wolle das alte religiöse und kulturelle Erbe Tibets respektieren, eine umfassende Reform seiner Religionspolitik lanciert. Diese fordert, dass sich «der Buddhismus dem Sozialismus anpassen soll und nicht der Sozialismus dem Buddhismus». Unter dem Vorwand, die Religion habe einen schädlichen Einfluss auf die wirtschaftliche Entwicklung Tibets, zielt die neue Politik darauf ab, das, was die Besonderheit des tibetischen Volkes ausmacht, systematisch zu untergraben und zu zerstören: seine kulturelle und nationale Identität.

Neue Maßnahmen schränken den Gebrauch der tibetischen Sprache in den Schulen noch weiter ein.

Die tibetische Universität in Lhasa wurde sogar gezwungen, die Geschichte Tibets im Fachbereich Tibetisch auf Chinesisch zu lehren. In den ersten vier Gymnasialklassen müssen die Experimentellen Schulen Tibetischer Sprache, die in den achtziger Jahren mit der Ermutigung und der aktiven Unterstützung des verstorbenen Panchen Lama eingerichtet wurden, derzeit ihre Türen schließen. Diese Schulen waren sehr erfolgreich und bedeuteten den Tibetern viel.

Bereits diese Maßnahmen zerstören Kultur, Religion und Bildung. Hinzu kommt der nach wie vor massive Zustrom chinesischer Immigranten nach Tibet – mit dem Effekt, dass die kulturelle und religiöse Identität der tibetischen Bevölkerung zersetzt wird und dass die Tibeter in ihrem eigenen Land zu einer unbedeutenden Minderheit werden, was einem kulturellen Völkermord gleichkommt.

Heute sind die Tibeter in den meisten Städten bereits in ein Randgruppendasein gedrängt. Wenn man dieser Bevölkerungsumsiedlung keinen Einhalt gebietet, wird die tibetische Kultur binnen weniger Jahrzehnte nicht mehr existieren.

In der überwiegenden Mehrheit haben die Tibeter auf all diese Unterdrückungsmaßnahmen friedlich reagiert, und ich bin der Ansicht, dass jedes Volk das Recht hat, friedlich gegen Ungerechtigkeit zu protestieren. Allerdings erwähnen jüngste Berichte aus Tibet vereinzelte Zwischenfälle, darunter sogar Bombenattentate. Das beunruhigt mich sehr. Ich rate weiterhin zur Gewaltlosigkeit, aber wenn die chinesische Regierung ihre repressiven Methoden nicht aufgibt, wird es kaum zu verhindern sein, dass sich die Situation in Tibet weiter zuspitzt.

Als Tibeter halte ich es für besonders wichtig, mir beim chinesischen Volk Gehör zu verschaffen, sei es in China oder im Ausland. Es liegt im Interesse des tibetischen wie auch des chinesischen Volkes, dass wir uns besser kennen und verstehen lernen. Indem wir freundschaftliche Kontakte pflegen, schaffen wir ein Klima, das zu gegenseitigem menschlichem Verständnis führen kann, zur gegenseitigen Achtung und zum Frieden.

Der Dialog von Volk zu Volk, der in jüngster Zeit zwischen Tibetern und Chinesen entstanden ist, begünstigt ein besseres gegenseitiges Verständnis unserer Probleme und Interessen. Unsere chinesischen Brüder und Schwestern signalisieren ihre Übereinstimmung mit unseren Zukunftsvisionen, sie bekunden dem tibetischen Volk Unterstützung und Solidarität und ermutigen es, weiter für seine Grundrechte einzutreten. Angesichts der kritischen Situation des tibetischen Volkes ist diese Bestätigung für uns Tibeter eine besondere Quelle der Ermutigung und der Inspiration.

Der Tod von Deng Xiaoping ist ein schwerer Verlust für China. Ich war ihm persönlich begegnet. Deng Xiaoping hatte darauf hingewirkt, direkten Kontakt mit uns aufzunehmen, um im Hinblick auf eine Lösung des tibetischen Problems mit uns in Dialog zu treten. Bedauerlicherweise konnten zu seinen Lebzeiten keine ernst zu nehmenden Verhandlungen aufgenommen werden. Ich hege die aufrichtige Hoffnung, dass sein Nachfolger als chinesisches Staatsoberhaupt den Mut, die Weisheit und den Weitblick besitzt, neue Schritte zur Lösung der Tibet-Frage durch Verhandlungen einzuleiten.

Im modernen China beginnt eine neue Ära, die einen konstruktiven Wandel und eine positive Entwicklung begünstigen kann. Die militärische Repression in Ost-Turkestan (Xinjiang) als Reaktion auf die Proteste der Uiguren und die in diesem Zusammenhang begangenen Gewalttaten sind bedauerliche und tragische Ereignisse. Für Ost-Turkestan gilt ebenso wie für Tibet: Eine dauerhafte und friedliche Lösung kann nur über den Weg des Dialogs gefunden werden.

Die chinesische Regierung steht vor einer bedeutenden Aufgabe: die sanfte Angliederung Hongkongs. Dazu muss sie in der konkreten Praxis wie im Geiste das pragmatische und weise Konzept anwenden: «Ein Land, zwei Systeme». Durch einen konstruktiven Ansatz ergeben sich entscheidende Möglichkeiten, auf innenpolitischer wie auf internationaler Ebene ein Klima von Vertrauen und Öffnung zu schaffen.

Tibet erlebt wachsende internationale Unterstützung. Das belegt, dass jeder Mensch seinem Wesen nach das Leiden des Anderen begreift, sich solidarisch fühlt und großen Wert auf Wahrheit und Gerechtigkeit legt. Die Unterstützung für Tibet als Komplott der westlichen Mächte gegen China zu deuten heißt, sich der Wahrheit durch willkürliche politische Interpretation zu entziehen. Das ist bedauerlich, denn eine solche mentale Abwehrhaltung steht einem konstruktiven Problemlösungsansatz weiterhin im Wege.

Abschließend möchte ich noch einmal betonen: Die Aufgabe des tibetischen und des chinesischen Volkes ist es, eine für beide Seiten akzeptable Lösung für die tibetische Frage zu finden. Eingedenk dieser Tatsache suchen wir weiter beharrlich den Dialog mit der chinesischen Führung in Peking.

Allerdings sehen wir uns aufgrund deren Weigerung, zuzuhören und die berechtigten Vorwürfe unseres Volkes anzuerkennen, gezwungen, unsere rechtmäßige und gerechte Sache der Beurteilung der internationalen Gemeinschaft zu unterbreiten.

Das tibetische Volk hat in der denkbar brutalsten Unterdrückung ein bemerkenswertes Maß an Durchhaltevermögen, Tapferkeit und Geduld bewiesen. Ich rufe meine Landsleute weiterhin dazu auf, von gewaltsamen Aktionen abzusehen, auch wenn diese ihnen in ihrer Frustration und Verzweiflung als geeignete Mittel des Protestes gegen die Ungerechtigkeit und die Unterdrückung erscheinen mögen. Wenn wir uns dem Hass, der Verzweiflung und der Gewalt überlassen, sinken wir auf das Niveau unserer Unterdrücker.

Ihre Methode beruht auf Einschüchterung, Zwang und Gewalt. Unsere dagegen auf dem Glauben an Wahrheit, Gerechtigkeit und Vernunft und auf unserer Entscheidung, uns unbeirrbar auf diese Werte zu verlassen. Dieser Unterschied ist unsere wirkungsvollste Waffe. Diese schwierigen Zeiten fordern von uns umso mehr Entschlossenheit, Weisheit und Geduld.

Mit meiner Verehrung und meinen Gebeten für jene tapferen Männer und Frauen, die für die Freiheit Tibets gestorben sind.

Dharamsala, den 10. März 1997

Dieses 17-Punkte-Abkommen wurde in Peking am 23. Mai 1951 unterzeichnet und besiegelt von den mit allen Vollmachten ausgestatteten Abgeordneten der Zentralen Volksregierung: Sang Jingwu Guohua, Sun Zhiyuan

und den mit allen Vollmachten ausgestatteten Abgeordneten der regionalen Regierung Tibets: Ngabo Ngawang Jigme, Dzasak Khemey Sonam Wngdi, Khentrung Thuptan Tenthar, Khenchung Thupten Lekmuun Rimshi, Samposey Tenzin Thundup.

1. Das tibetische Volk wird sich zusammenschließen und die imperialistischen aggressiven Kräfte aus Tibet vertreiben. Das tibetische Volk wird in die große Völkerfamilie seines Mutterlandes, der chinesischen Volksrepublik, zurückkehren.

2. Die regionale Regierung Tibets wird der Volksbefreiungsarmee bei ihrem Einzug in Tibet aktiv beistehen und die nationale Verteidigung verstärken.

3. In Übereinstimmung mit der im Programm der Politischen Konsultativen Konferenz des chinesischen Volkes niedergelegten Nationalitätenpolitik hat das tibetische Volk das Recht auf Ausübung der nationalen regionalen Autonomie unter der zentralen Leitung der Zentralen Volksregierung.

4. Die Zentralbehörden werden das in Tibet bestehende politische System ebenso wie den festgesetzten Status, die

Funktionen und Vollmachten des Dalai Lama nicht ändern. Die Beamten der verschiedenen Rangstufen werden ihre Ämter ausüben wie bisher.

5. Der festgesetzte Status, die Funktionen und Vollmachten des Panchen Lama werden aufrechterhalten werden.

6. Unter dem festgesetzten Status, den Funktionen und Vollmachten des Dalai Lama und des Panchen Lama sind Status, Funktionen und Vollmachten des 13. Dalai Lama und des 9. Panchen Lama zu verstehen, wie sie während der Zeit der freundschaftlichen und herzlichen Beziehungen unter ihnen bestanden.

7. Es wird die im Programm der Politischen Konsultativen Konferenz des chinesischen Volkes niedergelegte Politik der religiösen Glaubensfreiheit verfolgt werden. Die religiösen Bekenntnisse, Sitten und Gebräuche des tibetischen Volkes werden respektiert und die Lama-Klöster geschützt werden. Die Zentralbehörden werden an den Einkünften dieser Klöster keine Änderungen vornehmen.

8. Die tibetischen Truppen werden allmählich reorganisiert und in die Volksbefreiungsarmee überführt werden und einen Teil der Streitkräfte der nationalen Verteidigung der Volksrepublik China bilden.

9. Die Sprache, Schrift und das Bildungswesen werden in Übereinstimmung mit den in Tibet herrschenden Verhältnissen allmählich entwickelt werden.

10. In Übereinstimmung mit den in Tibet herrschenden Verhältnissen werden die Landwirtschaft, Viehzucht, Industrie und der Handel Schritt für Schritt entwickelt und die Lebensbedingungen des Volkes verbessert werden.

11. Hinsichtlich verschiedener Reformen in Tibet wird von den Zentralbehörden keinerlei Zwang angewandt werden. Die regionale Regierung Tibets soll die Reformen freiwillig durchführen, und wenn das Volk die Durchführung von Reformen fordert, wird die Frage dieser Reformen durch Beratung mit maßgebenden Persönlichkeiten Tibets entschieden werden.

12. Wenn die ehemaligen proimperialistischen und kuomintangfreundlichen Beamten entschlossen alle Beziehungen zum Imperialismus und der Kuomintang abbrechen, keine Sabotage treiben und keinen Widerstand leisten werden, können sie nach wie vor in ihren Stellen verbleiben, ungeachtet ihrer vorherigen Einstellung.

13. Die in Tibet einziehende Volksbefreiungsarmee wird sich fest an alle oben erwähnten Bestimmungen halten. Sie wird auch bei allen Käufen und Verkäufen Rechtschaffenheit bewahren und der Bevölkerung kein einziges Körnchen mit Gewalt wegnehmen.

14. Die Zentrale Volksregierung wird alle auswärtigen Interessen des Gebietes von Tibet zentral wahrnehmen. Zu den Nachbarländern wird eine Politik friedlichen Nebeneinanderlebens verfolgt werden. Auf der Grundlage der Gleichheit, des gegenseitigen Vorteils und der beiderseitigen Achtung der territorialen Einheit und Souveränität werden ehrliche Geschäfts- und Handelsbeziehungen festgesetzt und entwickelt werden.

15. Zur Sicherung der Durchführung dieses Abkommens wird die Zentrale Volksregierung einen Militär- und Verwaltungsausschuss sowie einen Wehrbezirksstab in Tibet errichten und wird außer dem von der Zentralen Volks-

regierung dorthin entsandten Personal in diese Organe zur Teilnahme an ihrer Arbeit eine möglichst große Anzahl einheimischen tibetischen Personals aufnehmen. Das einheimische tibetische Personal, das an der Arbeit des Militär- und Verwaltungsausschusses teilnimmt, kann sich aus patriotischen Elementen der regionalen Regierung Tibets verschiedener Bezirke und verschiedener Hauptklöster zusammensetzen. Die Liste dieser Personen wird aufgrund einer Beratung zwischen den von der Zentralen Volksregierung ernannten Vertretern und den verschiedenen interessierten Kreisen aufgesetzt und an der Zentralen Volksregierung zur Billigung vorgelegt werden.

16. Die für den Militär- und Verwaltungsausschuss, den Wehrbezirksstab und die in Tibet einziehende Volksbefreiungsarmee notwendigen Geldmittel werden von der Zentralen Volksregierung bereitgestellt werden. Die regionale Regierung Tibets soll der Volksbefreiungsarmee beim Kauf und Transport von Lebensmitteln, Futter und anderen Bedarfsgegenständen behilflich sein.

17. Das Abkommen tritt unmittelbar nach der Unterzeichnung und Siegelung in Kraft.

Kurze Geschichte Tibets
gestern und heute

Tibet assoziiert man automatisch mit dem Dalai Lama, seinem Charisma, seiner safrangelben Robe und seinem Lachen. Sonst ist von der Geschichte Tibets wenig bekannt.

Die erste archäologisch belegte Besiedlung des Daches der Welt geht auf die Mittelsteinzeit (12 000 – 6000 v. Chr.) zurück. Zu jener Zeit war Tibet in kleine Reiche aufgeteilt.

Die erste große Etappe der tibetischen Geschichte ist geprägt von König Songtesen Gampo (620 – 640 n. Chr.). Er vereinte das Land und dehnte sein Reich bis nach Pamir, Turkestan und Nepal aus.

Im Jahr 821 etabliert sich der aus Indien kommende Buddhismus in Tibet. Die tibetische Regierung unterzeichnet einen Friedensvertrag mit China.

Im 13. Jahrhundert erobert Dschingis Khan China. Auch Tibet unterwirft sich der Mongolenherrschaft, von der es sich im Jahre 1350 wieder befreit.

Im Jahre 1652 wird der 5. Dalai Lama zum geistigen Lehrer des chinesischen Kaisers, der ihm im Gegenzug in der so genannten «Priester-Patron»-Beziehung (Chön-Yön) seinen weltlichen Schutz gewährt.

1720 marschiert die Armee der Qing-Dynastie in Lhasa ein und vertreibt die Mongolen. Die Mandschuren reformieren die tibetische Verwaltung und richten eine imperiale «Supervision» ein. Chinesische Gesandte (Ambane) residieren in Lhasa.

1792 entsendet Kaiser Qianlong seine Truppen nach Lhasa, um die nepalesischen Gurkhas zu vertreiben, die sich in der Hauptstadt festgesetzt hatten. Tibet droht in den chinesischen Machtbereich zu fallen. Es ist schwierig, die Grenze zwischen Unabhängigkeit und Interdependenz zu ziehen. Nach Qianlongs Tod im Jahre 1795 findet Tibet allmählich zu seiner Freiheit zurück.

Die chinesische Qing-Dynastie bricht zusammen (1911). China wird zur Republik, was achtzehn Jahre der Instabilität in China zur Folge haben soll. Die tibetische Regierung vertreibt die Chinesen aus Lhasa, im Jahre 1913 ruft der 13. Dalai Lama Tibets Unabhängigkeit aus.

Tibet bleibt unabhängig, bis 1950 Tausende von Mao Tsetungs Soldaten von der Provinz Kham aus eindringen. Mao zwingt die Tibeter im Mai 1951 in Abwesenheit des Dalai Lama, ein 17-Punkte-Abkommen zu unterzeichnen, in dem sie die chinesische Oberhoheit über Tibet anerkennen und dafür das Versprechen erhalten, dass China einen hohen Grad an Autonomie tolerieren wird ...

Im Nordosten Tibets lehnt sich die Bevölkerung gegen die Chinesen auf. Im März 1959 flieht der Dalai Lama nach Indien. Lhasa wehrt sich gegen die Besatzer. Eine Welle der Unterdrückung kennzeichnet den Beginn eines grausamen Machtmissbrauchs gegen die tibetische Bevölkerung, der während der Kulturrevolution (1966–1976) einen weiteren Höhepunkt erreicht.

Aufgrund der chinesischen Besatzung sterben Hunderttausende Tibeter in Arbeitslagern, durch Selbstmord oder als Opfer der Hungersnöte.

Nahezu die Gesamtheit der sechstausend tibetischen

Klöster und Tempel wurde geplündert und zerstört, etwa einhundert sind im Wiederaufbau begriffen. Nach Maos Tod genießt Tibet ein wenig mehr religiöse Toleranz. Doch die antichinesischen Aufstände von 1987 leiten eine Erneuerung des tibetischen Nationalismus ein. Die Unruhen von 1988–1989 werden in einem Blutbad unterdrückt, es gibt Hunderte von Opfern und Verhafteten.

Trotz der ausgeklügelten Überwachung gehen die Protestdemonstrationen in Lhasa weiter, ausländischen Journalisten wird die Einreise verwehrt. Bis zum heutigen Tag schöpfen die Tibeter ihre Widerstandskraft aus ihrer Einigkeit. Doch die Gemeinschaft der «Jungen Tiger-Leoparden» erklärt seit einigen Jahren mit kalter Entschlossenheit: «Wir werden weiter für unsere Freiheit kämpfen, und die Welt hat keinen Grund, schockiert zu sein, wenn wir in unserem Kampf für die Unabhängigkeit unseres Landes zu unmenschlichen Methoden greifen.»

Die lange unbeachtet gebliebene Tibet-Frage drängt auf die internationale Bühne. Im Dezember 1989 erhält der Dalai Lama den Friedensnobelpreis. Seitdem reist er durch verschiedene Länder und trifft die «Großen» dieser Welt, um für das Überleben seines Volkes einzutreten. Um sich Gehör zu verschaffen, sind sechs Exiltibeter, die sechs Millionen Tibeter repräsentieren, in unbegrenzten Hungerstreik getreten. Neunundzwanzig Frauen haben sich ihnen angeschlossen. Sie hoffen, dass die UNO geeignete Maßnahmen zur Lösung der Tibet-Frage ergreift und einen Sonderbeauftragten für die Menschenrechte in Tibet ernennt, dass die Verhandlungen auf Basis der 1959, 1961 und 1965 erarbeiteten Grundlagen wieder aufgenommen werden, damit eine friedliche

Regelung der Frage gefunden werden kann, und dass ein von den Vereinten Nationen überwachtes Referendum eingeleitet wird.

Trotz internationaler Unterstützung konnten die Protestierenden ihren Hungerstreik nicht selbstbestimmt zu Ende bringen. Am dreiundzwanzigsten Tag wurden sie ins Krankenhaus eingeliefert. Der Dalai Lama hat den Streikenden für ihre Entschlossenheit und ihr Engagement Seine Hochachtung ausgesprochen: «Ich bewundere und begrüße die unbeugsame Entschlossenheit der Demonstrierenden, deren Aktion in uns viel Traurigkeit und Anteilnahme weckt.» In einem Artikel für die französische Tageszeitung *Le Monde* äußert Er: «Ich verstehe die Frustration der Exiltibeter. Nach diesen Hungerstreiks befand ich mich gewissermaßen in einem Dilemma, denn ich habe keine Alternativlösung anzubieten.»

Um die Forderungen der Tibeter nicht sofort wieder in Vergessenheit geraten zu lassen, hat sich einige Tage später ein Mönch selbst verbrannt.

In seiner Botschaft vom 10. März 1998 erklärt der Dalai Lama:

«... Bezüglich einer für beide Seiten befriedigenden Lösung des Tibet-Problems ist meine Position eindeutig: Ich verlange nicht die Unabhängigkeit. Wie ich schon mehrfach geäußert habe, fordere ich für das tibetische Volk die Möglichkeit, sich selbst zu verwalten, damit seine Zivilisation erhalten bleibt und damit die tibetische Kultur, Religion, Sprache und Lebensweise sich entwickeln und gedeihen können. Mein Hauptanliegen ist es, das Überleben des tibetischen Volkes und seines buddhistischen Erbes zu sichern. Wie die zurückliegenden Jahrzehnte gezeigt haben, ist es unerlässlich, den Tibetern die Möglichkeit einzuräumen, ihre inneren Angelegenheiten selbst zu regeln und ihre gesellschaftliche, wirtschaftliche und kulturelle Entwicklung frei zu bestimmen. Ich glaube nicht, dass die chinesische Führung diesbezüglich einen grundsätzlichen Einwand vorbringen kann. Die aufeinander folgenden chinesischen Regierungen haben immer bekräftigt, dass die chinesische Präsenz in Tibet das Wohl der Tibeter und ‹Entwicklungshilfe› für Tibet zum Ziel habe. In Anbetracht dieser politischen Absichten gibt es für die chinesische Führung keinerlei Grund, dem Dialog mit uns zur Lösung der Tibet-Frage weiter auszuweichen. Der Dialog ist das einzig angemessene Mittel, die Stabilität und Einheit zu garantieren, die die chinesische Führung als ihr Hauptanliegen bezeichnet. Ich ergreife diese Gelegenheit, um die chinesische Führung noch einmal dazu aufzurufen, meinen Vorschlägen ernsthafte und substantielle Aufmerksamkeit zu schenken. Ich glaube fest daran, dass der Dialog und die Bereitschaft, die Realität Tibets mit Aufrichtigkeit und Klarheit zu sehen, uns zu einem gangbaren Lösungsweg führen können. Es ist an der Zeit, die ‹Wirklichkeit hervorkommen zu lassen›, aus einer gelassenen und objektiven Betrachtung der Vergangenheit zu lernen und mit Mut, rechtem Sehen und Weisheit zu handeln.»

Aktuelle Daten und Fakten

Tibetische und chinesische Bevölkerungsanteile
heute (in Millionen):

Provinzen	Tibeter	Chinesen
U-Tsang	2,1	1,4
Kham	3	3,6
Amdo	1	2,6
Gesamt	6,1	7,6
	(44,53 %)	(55,47 %)

Heute leben über 130 000 Tibeter im Exil. Täglich kommen
neue Flüchtlinge über die Gebirgspässe, um sich vor der immer drakonischer werdenden Unterdrückung zu retten. Die
amerikanische Organisation *Ärzte für Menschenrechte* hat
kürzlich eine Studie über 258 Neuankömmlinge in Dharamsala erstellt. Sie ergibt, dass:

– jeder siebte Tibeter mit Folterungen konfrontiert war:
  15 % wurden selbst gefoltert, 47 % haben einen Verwandten oder nahen Bekannten, der betroffen ist;
– die Hälfte derer, die gefoltert wurden, noch die Wund-
  male trägt;
– 15 % der Folteropfer Jugendliche unter 16 Jahren sind;
– auch Personen gefoltert werden, die nicht im Verdacht stehen, in politische Aktivitäten verwickelt zu sein;
– die Folgeerscheinungen der Folter und der erlittenen

Misshandlungen ein fundamentales Problem der Volksgesundheit in Tibet darstellen, ebenso unter den 7000 Flüchtlingen, die zuletzt nach Indien gekommen sind. (*Quelle:* Tibet Info.)

Das Dach der Welt ist zum Schauplatz für Atomversuche und zur Lagerstätte für nuklearen Abfall aus China und dem Ausland geworden. Diese chinesische Politik der Lagerung giftiger Abfälle wurde 1991 erneut bestätigt, als *Greenpeace USA* Dokumente vorlegte, nach denen 1 500 000 Tonnen Kanalschlamm aus Baltimore in Maryland nach Tibet verschifft werden sollten, um dort als Dünger zu dienen. Die fünf großen Flüsse Asiens sind schon von ihrer Quelle an durch nukleare Abfälle verseucht. Sie liefern das Trinkwasser für 47 % der Menschheit.

Die Entfaltung nuklearer Aktivitäten muss aufgrund der geostrategischen Lage Tibets oberhalb Indiens, der ehemaligen UdSSR und Asiens zwangsläufig einen Rüstungswettlauf der Nachbarstaaten provozieren. Dies ist durch die indischen Atomversuche bereits belegt. Der indische Premierminister hat bestätigt, dass diese Versuche für sein Land einen Schutz gegen den Nachbarn China bedeuten.

Die chinesischen Nuklearraketen sind an verschiedenen Stellen des Tibetischen Hochlandes stationiert (Da Quidam, Ciao Quidam, Delingha, Nagchuka ...). Die Atomstreitmacht wird auf acht interkontinentale ballistische Flugkörper (*intercontinental ballistic missiles*, ICBM) geschätzt. In Tibet wurden zehn Flugplätze eingerichtet, die als Basen für Bombardierungen dienen können.

(Nuclear Tibet – Report by the International Campaign
for Tibet – Washington D.C.)

Apron: Dicht gewebte, gestreifte Schürze, die verheiratete Frauen über ihrer Chuba tragen.

Ashima: Spirituelle Gemeinschaft.

Atisha: Indischer Gelehrter (982–1055 n. Chr.), Begründer der Schulrichtung der Kadampa, die später in die von Tsongkhapa gegründete Schule der Gelugpa integriert wurde.

Avalokiteshvara: Buddha des Mitgefühls, Schutzpatron Tibets und des Dalai Lama, der als Emanation des A. betrachtet wird.

Bardo: Nicht inkarnierter Zustand zwischen Tod und Wiedergeburt.

Bodhichitta: Der erwachte Geist. Man unterscheidet zwischen dem relativen Bodhichitta oder Mitgefühl und dem absoluten Bodhichitta, in dem man der Leere inne wird.

Bodhisattva: Benennung für jene, die Bodhichitta praktizieren. «Held des Geistes».

Buddha: Jener, der die Dunkelheit der zwei Schleier (des Schleiers der Emotionen und des Schleiers, der die Kenntnis verbirgt) aufgelöst und die zwei Arten der Kenntnis entwickelt hat, nämlich die Kenntnis der letzten Natur aller Dinge und die Kenntnis der Gesamtheit der Erscheinungen.

Cham: Heilige Maskentänze, die in den Tempeln praktiziert werden und mehrere Tage dauern können.

Chang: Traditionelles Bier auf der Basis fermentierter Gerste.

Chenrezig: Tibetischer Name des Avalokiteshvara.

Chuba: Traditionelles ärmelloses langes Gewand, das die Frauen tragen.

Cora: Rundweg um eine heilige Stätte, dem die Pilger im Uhrzeigersinn folgen, wobei sie Gebete oder Mantras rezitieren.

Dakini: Weibliches Geistwesen. «Jene, die sich im Raum bewegt».

Dalai Lama: Spirituelles Oberhaupt Tibets, «Ozean der Weisheit». Titel, den der Mongolenführer Altan Khan dem Abt von Drepung, Sonam Gyaltso (1543–1588) und rückwirkend dessen beiden Vorgängern verliehen hat.

Da Yang: Geldmünzen.

Dolma: Die Weiße Tara oder tibetisch Dolma ist die Retterin, die Mitfühlende, während die Grüne Tara stets bereit ist, sich aktiv für das Wohl des Anderen einzusetzen. Im Volksglauben gelten beide als Schutzherrinnen von Tibet und der Mongolei.

Dri: Yakkuh.

Drokpa: Zelt aus gesponnenem Yakhaar.

Dzasa: Titel in der Bedeutung «Lord».

Jowo: Darstellung des Shakyamuni Buddha (des historischen Buddha) mit den Zügen eines jungen Mannes und einem Kopfputz aus Gold und Edelsteinen. Die Statue des Jowo steht im Jokhang, sie soll im 7. Jahrhundert von einer chinesischen Prinzessin dorthin gebracht worden sein.

Kalachakra: «Rad der Zeit». Zyklus des Anuttara Tantra, der einen Zweig des Vajrayana bildet. Die K.-Lehren sollen ihren Ursprung im mythischen Königreich Shambala haben.

Kapse: Gebäck, das den Gottheiten geopfert wird.

Karma: Gesetz von Ursache und Wirkung.

Kashag: Regierung des Dalai Lama.

Kata: Weißer Schal, der den Gottheiten, einem Gast oder einem Lama überreicht wird. Steht für die Reinheit von Körper, Geist und Wort.

Kham: Tibetische Provinz, angrenzend an China.

Khampa: Bewohner der Provinz Kham.

Lama: Bezeichnung für einen ordinierten Mönch.

Lhamo: Tibetische Oper.

Lord Buddha: Wurde vor zweitausendfünfhundert Jahren in Lumbini, im Südosten Nepals geboren. Erlangte die Erleuchtung im nordindischen Budhgaya. Starb im Alter von achtzig Jahren.

Losar: Neujahrstag in Übereinstimmung mit dem Mondkalender.

Lung Ta oder **Windpferde:** Gebetsfahnen, die Glück und Wohlstand verbreiten sollen; dargestellt durch ein Pferd, das ein Vajra (siehe dort) trägt.

Mala: Gebetsschnur.

Mandala: Bedeutet Mittelpunkt und überall. Der Ausübende

visualisiert sich selbst als Gottheit im Mittelpunkt des M.
Seine äußeren Wahrnehmungen bilden den Umkreis des
M.

Mantra: Silbenfolge, deren wiederholter Klang Kontakt mit
der angerufenen Gottheit herstellen soll.

Momo: Eine Art dampfgegarter Ravioli.

Orakel: Jedem Dalai Lama steht ein Staatsorakel zur Seite,
das bei speziellen Zeremonien in Trance fällt und mit der
in ihm inkarnierten Gottheit kommuniziert.

Panchen Lama: Zweiter spiritueller Würdenträger Tibets.

Radong: Bis zu zehn Meter langes teleskopartiges Blasinstru-
ment.

Shap-pe: Minister.

Stupa: Monument, in dem die Reliquien großer religiöser
Meister aufbewahrt werden.

Sutras: Die Sutras sind die Lehrreden des Shakyamuni
Buddha im Hinayana und im Mahayana («Kleines und
Großes Fahrzeug», Schulrichtungen des Buddhismus).

Tanka: Buddhistische Malerei auf Seidenbrokat, der zusammengerollt werden kann.

Tantras: Texte und Methoden zur Theorie spezieller Praktiken im Vajrayana («Diamant-Fahrzeug», Schulrichtung
des Buddhismus), die die Erleuchtung beschleunigen sollen.

Tara: Siehe Dolma.

Tashi: Bedeutet «günstig».

Tashi Delek: Guten Tag.

Tashi Delek Tsampa: Tsampakugel, die dem Neugeborenen gereicht wird, um es auf dieser Welt zu begrüßen.

Thukpa: Suppe aus Nudeln und etwas Fleisch.

Tormas: Opfergaben. Werden aus Tsampa zubereitet und mit Butter bemalt und dekoriert.

Tsampa: Mehl aus gerösteter und zerstoßener Gerste. Die Tsampa ist die Basis der tibetischen Ernährung.

Tulku: Emanationskörper Buddhas in Menschengestalt. In Tibet werden damit wieder inkarnierte Lamas bezeichnet.

Vajra (oder **Dorje** auf Tibetisch): In religiösen Zeremonien benutztes Ritualinstrument. Es symbolisiert den Diamanten, dessen Reinheit unzerstörbar ist.

Dalai Lama, *Das Buch der Freiheit. Die Autobiographie des Friedensnobelpreisträgers*, Bergisch Gladbach 1990.

Dalai Lama, *Ein menschlicher Weg zum Weltfrieden*, Arnstorf 1985.

Dalai Lama, *Mein Leben und mein Volk. Die Tragödie Tibets*, München 1962.

Dalai Lama, *Die Freude, friedvoll zu leben und zu sterben*, München 1998.

Dalai Lama, *Guérir la violence*, Plon.

Dalai Lama, *Beyond Dogma*, Ed. Rupa and Co.

Dialogues on Universal Responsability and Education, Library of Tibetan Works on Archives, Dharamsala.

Alexandra David-Néel, *Mein Weg durch Himmel und Höllen*, München 1989.

Pierre-Antoine Donnet, *Tibet mort ou vif*, Gallimard.

Lama Anagarika Govinda, *Der Weg der weißen Wolken*, München 1975.

Rinchen Dolma Taring, *Eine Tochter Tibets. Leben im Land der Götter*, Hamburg 1972.

Sogyal Rinpoche, *Das tibetische Buch vom Leben und vom Sterben*, München [7]1994.

Cho-Yang, Year of Tibet Editions.

Jérôme Edou et René Vernadet, *Tibet, les chevaux du vent*, Schambala.

Georges de Roerich, *Sur les pistes de l'Asie centrale*, Ed. Guethener.

Rinchen Lhamo, *We Tibetans,* Potala Publications, New York City.

Jacques Bacot, *Le Tibet révolté*, La Découverte.

Dagpo Rimpoché, *Le Lama venu du Tibet*, Grasset.

Charles Bell, *The People of Tibet* und *Tibet Past and Present*, Motilal Banarsidas Publishers, Delhi.

The Spirit of Tibet – Vision for Human Liberation, Ed. A. A. Shiromany, New Delhi.

Passerelles, Albin Michel.

Norbu Chophel, *Folks and Tales of Tibet*, Library of Tibetan Works and Achives.

Mary Craig, *Tränen über Tibet*, München 1992.

Ram Rahul, *The Dalaï Lama*, Ed. Vikas Publishing Pvt Ltd.

Cutting off the Serpent's Head, Tightening Control in Tibet, 1994–1995, Tibet Information Network et Human Rights, Watch / Asia.

BERICHTE

Strangers in Their Own Country, Tibetan Youth Congress, Dharamsala.

Tears of Silence, Tibetan Women Association, Dharamsala.

Nuclear Tibet, A Report by the International Campaign for Tibet, Washington D.C.

The Road to Beijing, Tibetan Women Association, Dharamsala.

Life in Exile, Central Tibetan Relief Committee, Department of Home, Dharamsala.

Tibet, Proving Truth from Facts, Department of Information and Internal Relations, Dharamsala.

DANKSAGUNGEN

Tenzin Gyaltso, 14. Dalai Lama, für sein unendliches Mitgefühl.

Tenzin Geshe Tethong für seine Verfügbarkeit und seine Unterstützung.

Kirti Tsenshap Rinpoche für seine Gewissheit.

Kutenla, dem Staatsorakel von Nechung, für seine Hilfe.

Tsering Tsomo, die den Anstoß zu diesem Buch gab.

Allen tibetischen Frauen, die mir ihr Schweigen anvertraut haben.

Meinen Freunden aus Auroville für ihre Hilfe und Unterstützung.

Allen, die mich bei dieser Aktion beraten und unterstützt haben, ganz besonders Auro Taranti, Nilauro, Roger Harris, Yanne Dimay, Croquette, François Barot und Tapas.

Ein großes Dankeschön an Andrée Zana-Murat und Muriel Beyer vom französischen Verlag Plon, die vor kurzem die Reihe «*Une femme, un peuple*» (Eine Frau, ein Volk) eingerichtet haben und die nicht gezögert haben, den Stimmen der tibetischen Frauen Gehör zu verschaffen.

In loser Folge erscheint eine Reihe ganz besonderer Biographien bei rororo: Lebensgeschichten aus dem Alltag, in denen sich das Zeitgeschehen auf eindrucksvolle Weise widerspiegelt.

Friedrich Dönhoff /
Jasper Barenberg
Ich war bestimmt kein Held *Die Lebensgeschichte von Tönnies Hellmann, Hafenarbeiter in Hamburg Mit einer Einleitung von Marion Gräfin Dönhoff*
(rororo 22245)
Seit Jahren korrespondieren Gräfin Dönhoff und Tönnies Hellmann. Denn so kraß der Klassenunterschied zwischen ihnen, so verbindend ist die Erfahrung des Widerstands gegen den Nationalsozialismus.

Anne Dorn
Geschichten aus tausendundzwei Jahren *Erinnerungen*
(rororo 13963)

Maria Frisé
Eine schlesische Kindheit
(rororo 22294)
In einem liebevollen Bericht erzählt Maria Frisé das Leben auf einem Gutshof in Schlesien in der Zeit zwischen den beiden Weltkriegen.

Melissa Green
Glasherz *Eine Kindheit*
(rororo 22362)

Hermine Heusler-Edenhuizen
Du mußt es wagen! *Lebenserinnerungen der ersten deutschen Frauenärztin*
(rororo 22409)

Eva Jantzen /
Merith Niehuss (Hg.)
Das Klassenbuch *Geschichte einer Frauengeneration*
(rororo 13967)

Halina Nelken
Freiheit will ich noch erleben *Krakauer Tagebuch Mit einem Vorwort von Gideon Hausner*
(rororo 22343)
Beim Überfall der Deutschen auf Polen war Halina Nelken ein Mädchen von fünfzehn Jahren – ein Mädchen, das Tagebuch führte. Und ähnlich wie das Tagebuch der Anne Frank haben Halina Nelkens Aufzeichnungen die Vernichtungswut der Nazis überdauert.

Tracy Thompson
Die Bestie *Überwindung einer Depression*
(rororo 22396)

Weitere Informationen in der **Rowohlt Revue**, kostenlos in Ihrer Buchhandlung, und im **Internet: www.rororo.de**

Paul Auster Wolfgang Borchert Harold Brodkey Albert Camus John Cheever Roald Dahl Hans Fallada Tim Gautreaux Elke Heidenreich Ernst Hemingway Rolf Hochhuth Peter Høeg Felicitas Hoppe Helmut Kraus

Das rororo Jubiläumsbuch

Die besten Geschichten aus 50 Jahren

ro ro ro

ser Henry Miller Toni Morrison Herta Müller Harry Mulisch Robert Musil Vladimir Nabokov Péter Nádas Dorothy Parker Rosamunde Pilcher Peter Rühmkorf Philip Roth José Saramago Jean-Paul Sartre Isaac Bashevis Singer Italo Svevo Kurt Tucholsky John Updike Alissa Walser

Marcel Hartges (Hg.)
Das rororo-Jubiläumsbuch
Die besten Geschichten aus 50 Jahren
rororo 22826

50 Jahre rororo – das heißt: 50 Jahre Weltliteratur und intelligente Unterhaltung im Taschenbuch. Der vorliegende Band versammelt das Beste vom Besten aus dieser Zeit. Eine reiche Auswahl von Geschichten und Texten berühmter Autorinnen und Autoren – u.a. Harold Brodkey, Albert Camus, Roald Dahl, Elke Heidenreich, Ernest Hemingway, Kurt Tucholsky, John Updike –, die den Verlag zu dem gemacht haben, was er heute ist.